适情雅趣赏析 下册

SHIQING YA...

启迪智慧
传承国粹

象棋

陈钢·编著

中山大学出版社
·广州·

版权所有　翻印必究

图书在版编目（CIP）数据

适情雅趣赏析（下册）/陈钢编著. —广州：中山大学出版社，2019.4
ISBN 978-7-306-06485-1

Ⅰ. ①适… Ⅱ. ①陈… Ⅲ. ①中国象棋—古谱（棋类运动） Ⅳ. ①G891.2

中国版本图书馆 CIP 数据核字（2018）第 274510 号

出 版 人：王天琪
策划编辑：金继伟
责任编辑：杨文泉
封面设计：曾　斌　洪古章
责任校对：林彩云
责任技编：何雅涛
出版发行：中山大学出版社
电　　话：编辑部 020-84110771，84110283，84113349，84110779
　　　　　发行部 020-84111998，84111981，84111160
地　　址：广州市新港西路 135 号
邮　　编：510275　　传　真：020-84036565
网　　址：http://www.zsup.com.cn　　E-mail：zdcbs@mail.sysu.edu.cn
印 刷 者：佛山市浩文彩色印刷有限公司
规　　格：787mm×1092mm　1/16　总印张：38.75　总字数：700 千字
版次印次：2019 年 4 月第 1 版　2019 年 4 月第 1 次印刷
定　　价：78.00 元（全两册）

如发现本书因印装质量影响阅读，请与出版社发行部联系调换

目录

（下册）

卷四

第286局　夺马驱敌 /303
第287局　敛手削地 /304
第288局　汗马功劳 /306
第289局　莘野邀汤 /307
第290局　城门失火 /308
第291局　丹山起凤（乙）/309
第292局　两虎共斗 /310
第293局　勤劳一纪 /311
第294局　济弱扶倾 /312
第295局　绕江撒网 /313
第296局　鸦立中天 /314
第297局　虎帐谈兵 /315
第298局　参前倚衡 /316
第299局　陈桥兵变 /317
第300局　手探月窟 /318
第301局　塞弩卧道 /319
第302局　板筑隐贤 /320
第303局　雌鸡化雄 /321
第304局　众星拱月 /322

第305局　轻兵锐卒 /323
第306局　拔去病根 /324
第307局　宽一步胜 /326
第308局　三军联位 /327
第309局　有家难奔 /328
第310局　金鸡抱卵 /329
第311局　深入远岛 /330
第312局　马跳檀溪 /331
第313局　堵塞要路 /332
第314局　三将夺关 /333
第315局　渴骥饮泉 /334
第316局　移星换斗 /335
第317局　赤壁鏖战 /336
第318局　匿影避形 /337
第319局　右相安刘 /338
第320局　好勇不矜 /340
第321局　跨海东征 /341
第322局　过眼成虚 /342
第323局　临难忘躯 /343

1

第 324 局　夜过昭关 /344
第 325 局　退思补过（乙）/345
第 326 局　奇妙文武 /346
第 327 局　忠孝两全 /348
第 328 局　虹霓贯日 /349
第 329 局　远交近攻（乙）/350
第 330 局　殒命宁亲 /351
第 331 局　车马盈门 /352
第 332 局　截趾适屦 /353
第 333 局　策马入城 /354
第 334 局　蝶恋花心 /355
第 335 局　殃及池鱼 /356
第 336 局　伍相奔吴 /357
第 337 局　大车无輗 /358
第 338 局　英略盖世 /359
第 339 局　星坠日升 /360
第 340 局　兵马侵境 /361
第 341 局　抱火积薪 /362
第 342 局　闭窟捉虎 /363

第 343 局　深入敌境 /364
第 344 局　爱身待时 /365
第 345 局　石燕拂云 /367
第 346 局　朝野从容 /369
第 347 局　绝长补短 /370
第 348 局　夷齐扣马 /371
第 349 局　力小任大 /373
第 350 局　管仲随马 /374
第 351 局　老而不倦 /375
第 352 局　徐母回车 /376
第 353 局　虎夺三穴 /377
第 354 局　一虎下山（甲）/378
第 355 局　猛虎驱羊 /379
第 356 局　首动尾应 /380
第 357 局　引雏入巢 /382
第 358 局　四海一家 /383
第 359 局　涂廪浚井 /384
第 360 局　弘羊心计 /385
第 361 局　视死如归 /386
第 362 局　拔本塞源 /387

目录

第363局 从容中道 /388
第364局 举直错枉 /389
第365局 以恩塞责 /390
第366局 少见相拘 /391
第367局 四门斗底 /392
第368局 兔游月窟 /393
第369局 时堪乘便 /394
第370局 五老降庭 /395
第371局 兵入其腹 /396
第372局 兵势无常 /397
第373局 四面设网 /398
第374局 托孤寄命 /399
第375局 勒兵为备 /400
第376局 伏兵要路 /401

第377局 筑坛拜将 /405
第378局 诸葛出庐 /406
第379局 二马追风 /407
第380局 退无所归 /408
第381局 举鼎争功 /409
第382局 胡爽扣马 /411
第383局 剪棘开径 /412
第384局 投肉饲虎 /413
第385局 海底觅针 /414
第386局 戮力一心 /415
第387局 运筹帷幄 /416
第388局 身无所措 /417
第389局 羸羊触角 /419
第390局 以兵服人 /420
第391局 驱虎离山 /422
第392局 倾身下士 /423
第393局 兵势尚强 /424
第394局 地险兵强 /425
第395局 引兵渡河 /426
第396局 一兵取功 /427
第397局 将帅不忠 /428

第 398 局　王母蟠桃 /429
第 399 局　避难而行 /430
第 400 局　双马饮泉 /431
第 401 局　幽鸟攒阶 /432
第 402 局　踏雪寻梅 /434
第 403 局　二郎搜山 /435
第 404 局　转祸为福 /436
第 405 局　双鹊投林 /437
第 406 局　入穴取虎 /438
第 407 局　追风赶月 /439
第 408 局　得失有变 /440
第 409 局　家无安堵 /441
第 410 局　威震华夷 /442
第 411 局　痛断根除 /443
第 412 局　残房投降 /444
第 413 局　守静待时 /445
第 414 局　私渡关津 /446

第 415 局　私下三关 /447
第 416 局　动中有静 /448
第 417 局　寒鸳困厩 /449
第 418 局　厩焚伤马 /450
第 419 局　一虎下山（乙）/451
第 420 局　失左右手 /452
第 421 局　内攻外御 /454
第 422 局　秣马潜戈 /455
第 423 局　退迩归心 /456
第 424 局　怯勇自服 /457
第 425 局　驱将擒胡 /458
第 426 局　马灵兵胜 /459
第 427 局　踊跃用兵 /460
第 428 局　一心向火 /461
第 429 局　上陵下替 /462
第 430 局　能为必胜 /463
第 431 局　功成身退 /464
第 432 局　钳塞士口 /465
第 433 局　束手就系 /466
第 434 局　上下离心 /467

目录

第435局　独行千里 /468
第436局　上下失望 /469
第437局　斗柄回寅 /470
第438局　左右并攻 /471
第439局　士卒威服 /472
第440局　三军夺帅 /473
第441局　国富兵强 /474
第442局　济济多士 /475
第443局　日月交蚀 /476
第444局　地网天罗 /477
第445局　双孙扶老 /478
第446局　锐兵健步 /479
第447局　茕茕孑立 /480
第448局　游丝系虎 /481
第449局　只马归命 /482
第450局　驽驹失厩 /484
第451局　华衣怒马 /485

第452局　野马跫田 /486
第453局　变生肘腋 /487
第454局　计罗并照（乙）/488
第455局　孤生无倚 /489
第456局　国士无双 /490
第457局　送往迎来（乙）/491
第458局　顾此失彼 /492
第459局　单驹随牝 /493
第460局　赶虎出穴 /494
第461局　三辰不轨 /495
第462局　一恸而绝 /496
第463局　填塞道路 /497
第464局　侵害边卒 /498
第465局　一木难支 /499
第466局　士孤将寡 /500

卷　六

第467局　七擒七纵 /503
第468局　单马独还 /504
第469局　匹马平戎 /505

第 470 局　公私安堵 /506	
第 471 局　藏锋敛锷 /507	
第 472 局　中外乂安 /508	第 487 局　平定中原 /524
第 473 局　盘石固守 /509	第 488 局　全师保安 /525
第 474 局　保卫一方 /510	第 489 局　本固邦宁 /526
第 475 局　四方清晏 /511	第 490 局　保国宁家 /528
第 476 局　一兵解危 /512	第 491 局　凭险自固 /529
第 477 局　三仙炼丹 /513	第 492 局　仗剑鞭马 /530
第 478 局　虎溪三笑 /514	第 493 局　控马避敌 /531
第 479 局　三军劫寨 /515	第 494 局　三出祁山 /532
第 480 局　三顾草庐 /516	第 495 局　士而怀居 /533
第 481 局　众寡不敌 /517	第 496 局　士马疲劳 /534
第 482 局　保障若石 /518	第 497 局　三镇连兵 /535
第 483 局　保障坚牢 /520	第 498 局　努力固守 /536
第 484 局　化蛇当道 /521	第 499 局　固兵保全 /537
第 485 局　三家鼎立 /522	第 500 局　士兵连结 /538
第 486 局　扣马苦谏 /523	第 501 局　边城隔虏 /539
	第 502 局　兵马徒劳 /540
	第 503 局　只马当士 /541
	第 504 局　只马当相 /542
	第 505 局　士卒离心 /543
	第 506 局　休士息马 /544

目录

第507局　影不离形 /545
第508局　驽马困厩 /546
第509局　守正嫉邪 /547
第510局　内外俱安 /548
第511局　单车肘士 /549
第512局　收兵罢战 /550
第513局　攻围难克 /551
第514局　轻财爱士 /552
第515局　将士离心 /553
第516局　匹马嘶风 /554
第517局　三寇连兵 /555
第518局　长生不老 /556
第519局　三灵不昧 /557
第520局　腹背无患 /558
第521局　易马隐树 /559
第522局　勒兵固守 /560
第523局　一鸣惊人 /561
第524局　鼎足三立 /562
第525局　不敷自保 /563
第526局　守株待兔 /564
第527局　孤军四战 /565
第528局　固守无虞 /566
第529局　朽索御马 /567
第530局　固守邦基 /568
第531局　水中摸月 /569
第532局　三教皈一 /570
第533局　一马化龙 /571
第534局　华山隐士 /572
第535局　息马论道 /573
第536局　子不离母 /574
第537局　二相扶国 /575
第538局　独占中原 /576
第539局　一心定国 /577
第540局　鸳鸯交颈 /578
第541局　野马脱绊 /579
第542局　固前遮后 /580

第543局　狐假虎威 /581
第544局　居中秉权 /582
第545局　懒散无拘 /583
第546局　孤犊望月 /584
第547局　彼此无碍 /585
第548局　两不得济 /586
第549局　孤雁折群 /587
第550局　势不两立 /588

第551局　舍生取义 /591
后记 /592

卷四

第286局 夺马驱敌

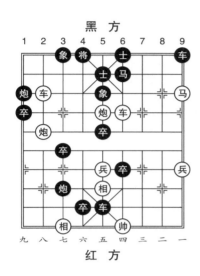

赏析

夺马驱敌，历史上有名的夺马驱敌典故，西汉太初元年，汉武帝派贰师将军李广利远征大宛，夺得宝马，扬威西域。本局红方先弃车，意图双炮取胜，黑方积极应对，化险为夷，胜负在一瞬间。

（一）

1. 车四进二　炮1退1
2. 车八平六　炮1平4
3. 车六进一　将4进1
4. 炮八平六　将4退1
5. 马一进三　车9平7
6. 车四进一　车7平6
7. 炮五平六　（红胜）

（二）

1. 车四进二　象5进3
2. 炮五平七　车9进2
3. 车八平一　象3进5
4. 车一退一　炮3平2
5. 炮七平八　卒6进1
6. 车四退六　炮2平6
7. 后炮退四　卒4进1
8. 后炮退一　卒4平3
9. 后炮进五　车5退1
10. 车一平六　炮1平4
11. 后炮平五　车5退1
12. 炮五平六　将4平5
13. 炮六进二　士5进4
14. 车六进一　车5进2
15. 车六退五　象5进7
16. 车六平四　前卒平4

（黑胜）

注：变化（一）为原谱，红胜，有误，参见变化（二）。变化（二）为第1回合，黑方选择最佳的防守，象5进3，黑胜。

第287局　敛手削地

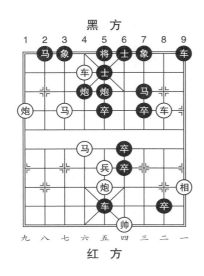

赏析

敛手，缩手，表示不敢妄动。削地，削减封地。西汉汉景帝时期，晁错提议削地，引发七国之乱，晁错也被腰斩，而后，周亚夫率军平定七国之乱。本局红方弃车，以马、炮取胜。

（一）

1. 马七进八　车9进1
2. 炮五平八　炮4平2
3. 马八退六　士5进4
4. 炮九进三　炮2平3
5. 马六退八　炮3平2
6. 马八进七　炮2平3
7. 马七进八　车9平4
8. 炮八进七　车4退1
9. 炮九平七　将5进1
10. 车二进二　（红胜）

（二）

1. 马七进八　车9进1
2. 炮九平三　象7进9
3. 车二进二　车9平8
4. 炮五进四　马7进5
5. 炮三进三　（红胜）

（三）

1. 马七进八　车9进1
2. 炮九平三　士5退4
3. 车六平一　士6进5
4. 马八退六　士5进4
5. 炮五进四　马7进5
6. 车二进三　士4进5
7. 马六进五　卒8平7
8. 车二平三　士5退6
9. 车三平四　将5平6
10. 马五进三　将6平5

11. 车一进一　（红胜）

（四）

1. 马七进八　车9进1
2. 炮九平三　士5退4
3. 车六平一　士6进5
4. 马八退六　将5平6
5. 后马进四　马7退9
6. 车二进二　士5进4
7. 马四进三　将6平5
8. 炮五进四　士4退5
9. 炮五退五　炮5进6
10. 炮三进三　炮5平1
11. 炮三平一　马2进3
12. 车二进一　士5退6
13. 车二平四　（红胜）

（五）

1. 马七进八　卒8平7
2. 车六进一　士5退4

3. 马八退六　将5进1
4. 车二进二　（红胜）

（六）

1. 马七进八　车9平8
2. 车二进三　马7退8
3. 炮五进四　车5平2
4. 车六进一　（红胜）

（七）

1. 马七进八　炮5进4
2. 车六进一　士5退4
3. 马八退六　将5进1
4. 车二进二　将5进1
5. 后马进七　将5平6
6. 车二平四　（红胜）

注：变化（一）为原谱，与《梦入神机》第88局相同。变化（二）～（七）为各种演变，均为红胜。

第288局 汗马功劳

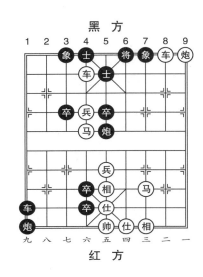

建立功业。本局红方先弃一车，再以车、马取胜。

（一）

1. 兵六平五　车1平2
2. 车六进一　士5退4
3. 马六进五　将6进1
4. 马五退三　将6平5
5. 车二退一　（红胜）

（二）

1. 兵六平五　将6平5
2. 车二平三　士5退6
3. 车六平五　士4进5
4. 车三退六　（红胜）

 赏析

汗马，将士骑的马奔驰出汗，比喻征战劳苦。汗马功劳，指在战场上

第289局　莘野邀汤

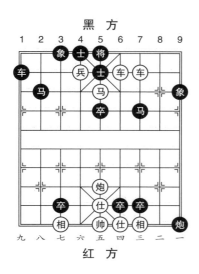

黑方

红方

赏析

莘，有莘，国名，现今河南省民权县与山东省曹县一带。伊尹初隐之时，耕于有莘之国。莘野，有莘国的原野，指隐居之所。相传伊尹未遇汤时，耕于莘野，隐居乐道。伊尹是商朝著名的政治家、思想家，辅助商汤灭夏朝，用以鼎调羹与调和五味的理论治理天下，是中华厨祖，被后人祭祀为商元圣。汤，成汤，商朝的建立者。本局红方炮打黑中士，取胜。

（一）

1. 兵六进一　将5平4
2. 车四进一　将4进1
3. 马五退七　将4进1
4. 炮五进六　卒6平5
5. 炮五退七　车1平7
6. 车四平六　马2退4
7. 马七进八　（红胜）

（二）

1. 兵六进一　将5平4
2. 车四进一　将4进1
3. 马五退七　将4进1
4. 炮五进六　卒6平5
5. 炮五退七　车1平7
6. 车四平六　车7平4
7. 马七进八　（红胜）

（三）

1. 兵六进一　将5平4
2. 车四进一　将4进1
3. 马五退七　将4进1
4. 炮五进六　卒6平5
5. 炮五退七　马7退5
6. 车三平九　马5退6

7. 车九平六　马2退4
8. 马七进八　（红胜）

（四）

1. 兵六进一　将5平4
2. 车四进一　将4进1
3. 马五退七　将4进1
4. 车三退一　马7退5

5. 炮五进五　（红胜）

注：变化（一）为原谱。变化（二）为谢侠逊评校版。变化（三）为黑方最顽强的防守。变化（四）为红炮不打士，先退三路车将军后，再打中马，迅速入局，更加简洁、高效。本局与第115局耕莘待聘的局名意思相同。

第290局　城门失火

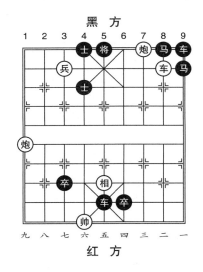

大家都到护城河取水，水用完了，鱼也死了，比喻无辜被连累而遭受灾祸。本局红方平炮四路，运用堵塞战术，取胜。

1. 炮九平四　卒3平4
2. 炮四进五　将5平6
3. 炮三平一　马8进6
4. 车二进一　马9退7
5. 车二平三　（红胜）

城门失火，殃及池鱼。城门失火，

第 291 局　丹山起凤（乙）

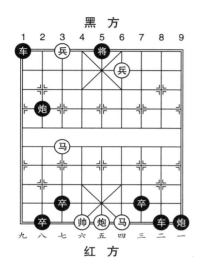

凤，百鸟之王，遇之大吉。唐朝张柬之的《东飞伯劳歌》：青田白鹤丹山凤。本局红方借炮使马，将前马退至本方三路底线，参与防守，置换出四路马，再运用借炮使马，形成马后炮，绝杀取胜。符合局名"丹山起凤"。

1. 马七退五　炮2平5
2. 马五退三　炮5平4
3. 马三退五　炮4平5
4. 马五退三　炮5平4
5. 马四进五　炮4平5
6. 马五进四　炮5平4
7. 马四进五　（红胜）

 **赏析**

丹山，产丹砂之山，或称赤山。

注：本局与第107局同名。

第 292 局　两虎共斗

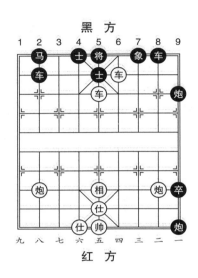

赏析

斗，争斗。两虎共斗，比喻两个强者互相搏斗，两败俱伤。西汉司马迁的《史记·廉颇蔺相如列传》：今两虎共斗，其势不俱生。吾所以为此者，以先国家之急而后私仇也。本局红方先采用顿挫的战术，借闷将，将炮移至七路。再运用将军脱袍的战术，平炮中路。最终以双车联攻，取胜。

（一）

1. 帅五平四　后炮平6
2. 炮八平七　车2平3
3. 相五进七　车3进4
4. 炮七平五　车3平6
5. 帅四平五　车6平5
6. 车五退三　炮6平5
7. 车五进三　卒9平8
8. 车五进一　（红胜）

（二）

1. 炮八平七　车2平3
2. 相五进七　车3进4
3. 炮七平五　车3平5
4. 车五退三　后炮平5
5. 车五进三　卒9平8
6. 车五进一　（红胜）

注：变化（一）为原谱，第4回合，炮七平五，红胜。现补上余下的回合。变化（二）可直接跳过第1回合，余下的走法与变化（一）相同，不影响结局，更加简洁、高效。

第 293 局　勤劳一纪

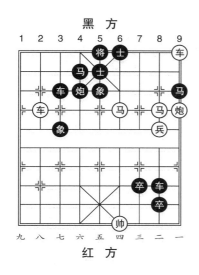

的古称，岁星（木星）绕太阳一周约需 12 年，故古称 12 年为一纪。本局红方第 2 回合，马四进五，弃马破士，暗伏杀着。第 4 回合，炮一平六，牵制住黑方马、炮两个子，最终以堵塞战术，取胜。

1. 马二进三　将5平4
2. 马四进五　马9退7
3. 车一平四　马7退5
4. 炮一平六　车3退2
5. 车八进二　车3进1
6. 车八进一　车3退1
7. 车八平七　（红胜）

赏析

一纪，对一定时间段内固定年限

第 294 局　济弱扶倾

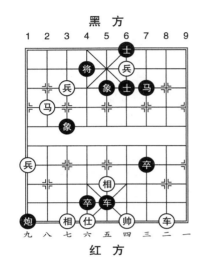

困难。济弱扶倾，指扶助弱小和处境困难的人。本局红方伴攻黑方4路肋道，诱使黑马跳出，令黑方底线无险可守。最终以双兵取胜。

1. 车二进四　马7进6
2. 兵七平六　将4退1
3. 车二进五　马6退7
4. 兵四进一　马7退8
5. 马八进七　车5平6
6. 帅四进一　炮1退1
7. 帅四退一　马8进7
8. 兵四平五　（红胜）

 赏析

弱，弱小。倾，倒塌，比喻境遇

第 295 局　绕江撒网

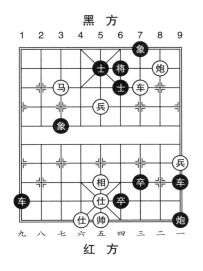

红方第 1 回合，炮二进一，红炮沉底，暗伏车三进一，催杀。第 2 回合，炮二平七，平炮左路，暗伏进车照将后，马后炮杀。第 3 回合，马七进六，弃马照将，换得炮架。最终以车、炮取胜。

1. 炮二进一　　象 7 进 9
2. 炮二平七　　象 3 退 1
3. 马七进六　　士 5 退 4
4. 车三进一　　（红胜）

赏析

绕，绕袭，迂回突袭敌人。本局

第 296 局　鸮立中天

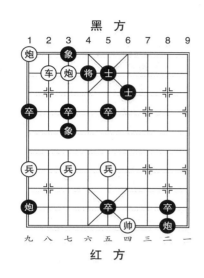

鸮，古代对猫头鹰一类鸟的总称。中天，高空中，当空。本局红方第1回合，车八进一，进车底线，暗伏炮九退一，催杀。第3回合，炮九退一，又是一步催杀。第7回合，炮七退二，退炮抽将，借机吃黑象，转到中路进攻。第8回合，炮七退一，暗伏炮平中催杀。第13回合，炮七平五，平炮中路，准备回打黑中卒照将成杀。黑方只有卒5平4，则红车六退五吃卒，同时捉黑方1路炮和8路卒，黑方攻势瓦解，红方胜定。

1. 车八进一　　象3退5
2. 炮七退一　　象5进3
3. 炮九退一　　将4进1
4. 炮七进一　　将4平5
5. 车八退二　　士5进4
6. 炮七退一　　士4退5
7. 炮七退二　　士5进4
8. 炮七退一　　后卒进1
9. 车八退二　　卒3进1
10. 车八平七　　士4退5
11. 车七平五　　将5平4
12. 车五平六　　将4平5
13. 炮七平五　　（红胜）

第 297 局　虎帐谈兵

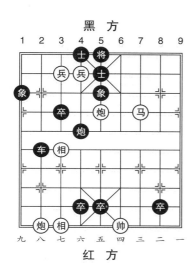

虎帐，旧时将军的营帐。谈兵，谈论用兵。唐朝末年，晋王李克用赠给手下大将周德威的对联：柳营春试马，虎帐夜谈兵。本局红方妙手巧杀，黑方妙手巧和，胜与和在一瞬间。

（一）

1. 马三进二　炮 4 退 2
2. 马二进四　车 2 进 4
3. 兵六进一　将 5 平 4
4. 兵七平六　将 4 平 5
5. 兵六平五　将 5 平 4
6. 兵五平六　（红胜）

（二）

1. 马三进二　卒 5 平 6
2. 帅四进一　卒 8 平 7
3. 帅四退一　卒 7 进 1
4. 帅四进一　卒 4 平 5
5. 帅四进一　车 2 进 2
6. 相七退五　炮 4 进 3
7. 相五退三　炮 4 退 5
8. 炮五退四　车 2 退 1
9. 炮五进一　车 2 进 3
10. 马二进四　车 2 退 2
11. 炮五退一　车 2 平 5
12. 帅四平五　将 5 平 6
13. 帅五退一　（和局）

注：变化（一）为原谱，红胜，有误，参见变化（二）。变化（二）为第 1 回合，黑方选择最佳的防守，卒 5 平 6，和局。

第 298 局　参前倚衡

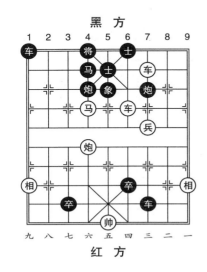

参前倚衡，指言行要讲究忠信笃敬，站着就仿佛看见"忠信笃敬"四字展现在车辕的横木上。本局红方第 1 回合，车四进三，弃车破底士，打开另一车的杀路。第 2 回合，马六进四，暗伏红车吃马，催杀。最终以炮、兵取胜。

1. 车四进三　士5退6
2. 马六进四　车1进1
3. 车三平四　将4平5
4. 车四进一　将5进1
5. 车四平五　将5平6
6. 炮六平四　将6进1
7. 兵三平四　（红胜）

赏析

前，眼前。衡，车辕前端的横木。

第 299 局 陈桥兵变

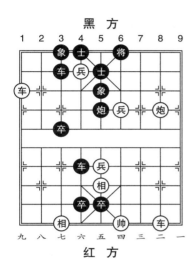

赏析

陈桥，现今河南省封丘县南。陈桥兵变，又称陈桥驿兵变，公元960年，后周大将赵匡胤在陈桥驿发动兵变，取代后周，建立宋朝，此典故又称黄袍加身。本局红方炮打黑炮，弃兵堵塞将路，最终以炮将军取胜。

（一）

1. 炮二平五　卒4平3
2. 车二进九　将6进1
3. 兵四进一　士5进6
4. 兵六平五　士4进5
5. 炮五平四　（红胜）

（二）

1. 炮二平五　车3平4
2. 车九平五　后车进2
3. 车二进九　将6进1
4. 兵四进一　士5进6
5. 车五平四　将6平5
6. 车四进一　将5进1
7. 车二退二　（红胜）

（三）

1. 炮二平五　象3进1
2. 车二进九　象5退7
3. 车二平三　将6进1
4. 兵四进一　士5进6
5. 车三退一　将6退1
6. 兵六平五　卒5进1
7. 帅四进一　卒4平5
8. 帅四进一　士4进5
9. 车三进一　将6进1
10. 炮五平四　（红胜）

（四）

1. 炮二平五　车4退5
2. 车九平五　卒5进1
3. 帅四进一　卒4平5
4. 帅四进一　车4进1
5. 车二进九　将6进1
6. 兵四进一　士5进6
7. 炮五平四　士6退5
8. 车二退一　将6退1
9. 车五平四　将6平5
10. 车二进一　士5退6
11. 车四进二　将5进1
12. 车四平五　将5平4
13. 车二退一　士4进5
14. 车二平五　（红胜）

注：变化（一）为原谱。变化（二）～（四）为第1回合，黑方选择不同变化的演变。

第300局　手探月窟

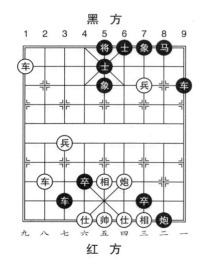

（一）

1. 车九平六　士5退4
2. 车八进七　士6进5
3. 炮四进七　马8进7
4. 炮四平六　将5平6
5. 车六平五　马7退5
6. 炮六退一　（红胜）

（二）

1. 车九平六　士5退4
2. 车八进七　士6进5
3. 炮四进七　车9进5
4. 炮四平二　象7进9
5. 相五进三　卒7平6

赏析

月窟，月亮，月宫。本局红方有巧杀，黑方有巧胜，胜负在一瞬间。

6. 兵三进一　卒6进1
　　（黑胜）

注：变化（一）为原谱，红胜，有误，参见变化（二）。变化（二）为第3回合，黑方选择最佳的防守，车9进5，黑胜。

第301局　寒驽卧道

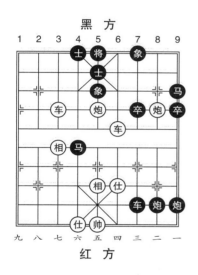

寒驽，劣马，能力低劣，庸劣的才力。卧，躺或者趴。本局红方第1回合，车四进三，借先行之利，催杀。第2回合，车四平一，红车机动灵活，平边蹩住黑马马腿，暗伏右炮沉底闷杀。第4回合，炮二退一，塞住象眼，典型的堵塞战术，暗伏红车底线照将成杀。最终红车杀通一路线，黑方回天乏术。

（一）

1. 车四进三　马4退3
2. 车四平一　马9退7
3. 炮二进三　象7进9
4. 炮二退一　象9进7
5. 车一退二　将5平6
6. 车一进三　（红胜）

（二）

1. 车四进三　马4退5
2. 炮二平五　车7平4
3. 仕四退五　炮9退4
4. 帅五平四　炮8退8
5. 车七进一　炮9平5
6. 车七退二　炮5进4
7. 仕六进五　车4退5
8. 炮五退三　车4平5
9. 炮五平八　象5退3
10. 炮八平三　象3进5
11. 炮三进六　士5进6
12. 车七平二　卒7进1
13. 车二进二　士4进5

14. 炮三退二　将5平4
15. 炮三平一　炮8平6
16. 帅四平五　（红胜）

注：变化（一）为原谱。变化（二）为第1回合，黑方选择最顽强的防守，马4退5，退马吃中炮。

第 302 局　板筑隐贤

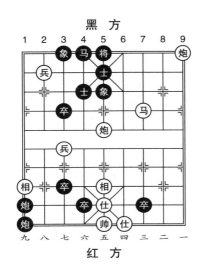

赏析

板，夹板。筑，杵。板筑，筑墙用具。筑墙时，以两板相夹，填土于其中，用杵捣实。隐，隐逸不出。贤，有才德的人。本局红方第1回合，马三进一，进马边线，暗伏马一进二的底线杀着。第2回合，炮五平二，平炮再催杀。第3回合，炮二平四，平炮照将，利用黑方双士和马自相阻塞

的弱点，进行攻杀。第7回合，炮四退二，暗伏回马照将。最终以马后炮取胜。

（一）

1. 马三进一　将5平6
2. 炮五平二　士5进6
3. 炮二平四　士6退5
4. 马一进二　象5退7
5. 马二退三　将6进1
6. 炮一退五　将6进1
7. 炮四退二　卒4平5
8. 仕四进五　前炮退2
9. 马三退四　（红胜）

（二）

1. 马三进一　将5平6
2. 炮五平二　士5进6
3. 炮二平四　将6平5
4. 马一进三　将5进1
5. 炮一退六　马4进6
6. 炮一平五　象5进7

7. 炮四平五　将5平4
8. 马三退二　将4退1
9. 兵八平七　士4退5
10. 前炮平六　象3进5
11. 前兵平六　将4平5
12. 马二进四　将5平6
13. 马四进二　将6平5
14. 兵六平五　将5平4
15. 炮五平六　（红胜）

注：变化（一）为原谱。变化（二）为第3回合，黑方选择最顽强的防守，将6平5。

第303局　雌鸡化雄

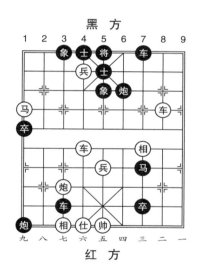

赏析

化，变化，改变。雌鸡化雄，与牝鸡司晨同一意思。在古代认为是不祥之兆，或者女性掌权，或者宦官专权。

（一）

1. 马九进七　车3退1
2. 兵六进一　将5平6
3. 车二进二　炮6退1
4. 车六进四　车3平6
5. 车六平五　车6进2
6. 帅五平四　马7进5
7. 相三退五　卒7平6
8. 帅四进一　车7进8
9. 帅四退一　车7平6
10. 帅四进一　炮6进5
11. 车二平四　（红胜）

（二）

1. 马九进七　车3退1
2. 兵六进一　将5平6
3. 车二进二　炮6平3
4. 车六平四　士5进6

5. 车四进三　炮3平6
6. 车二平五　车3平5
7. 相三退五　马7进5
8. 兵六平五　（红胜）

注：原谱至第3回合，车二进二，红胜。现补上余下的回合。

第304局　众星拱月

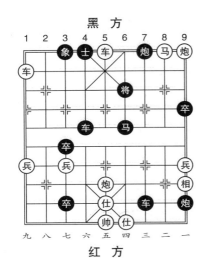

着月亮，比喻众人拥戴一人或众物围绕一物。本局红方第1回合，炮一平三，吃黑炮后，暗伏解杀还杀的招数。而后弃车，引黑将入险地。最终以重炮杀取胜。

1. 炮一平三　炮9进1
2. 相一退三　车7进1
3. 车九平四　将6退1
4. 炮三退六　将6进1
5. 炮三平四　马6进4
6. 炮五平四　（红胜）

赏析

众星拱月，许多星星聚集、环绕

第 305 局　轻兵锐卒

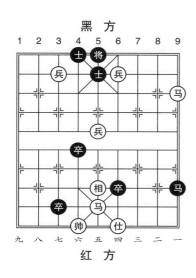

赏析

轻兵，车兵，春秋战国时期，轻即指战车，轻兵即车兵。锐卒，精锐的士卒。西汉司马迁的《史记·孙子吴起列传》：今梁、赵相攻，轻兵锐卒必竭于外，老弱罢于内。本局红方右兵沉底，马卧槽将军取胜。

（一）

1. 兵四平三　　将5平6
2. 马一退三　　卒4进1
3. 兵三进一　　将6平5
4. 马三进一　　士5进6
5. 兵七平六　　卒3平4
6. 帅六进一　　卒4进1
7. 帅六退一　　卒4进1
8. 帅六进一　　卒6平5
9. 马一进三　　（红胜）

（二）

1. 兵四平三　　将5平6
2. 兵三进一　　将6进1
3. 马一退三　　将6进1
4. 兵五进一　　卒4进1
5. 兵五进一　　（红胜）

注：变化（一）为原谱。变化（二）更加简洁、高效。

第 306 局 拔去病根

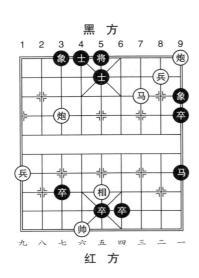

黑 方

红 方

赏析

病根，指疾病的根源，比喻引起失败或灾祸的根本原因。本局红方运用马、炮、兵联攻，取胜。

（一）

1. 炮七平五　士5进6
2. 马三退四　将5平6
3. 马四进六　马9退8
4. 炮五平三　马8退7
5. 炮三平四　将6平5

6. 兵二进一　马7退6
7. 炮四进三　卒5进1
8. 帅六进一　卒6平5
9. 帅六平五　士4进5
10. 炮四平七　士5退6
11. 炮七平四　士6退5
12. 相五进七　将5平4
13. 炮四退六　象9退7
14. 炮四平六　士5进4
15. 兵二平三　将4进1
16. 马六进八　（红胜）

（二）

1. 炮七平五　士5进6
2. 马三退四　将5平6
3. 马四进六　士6退5
4. 炮五平三　士5进4
5. 炮三进三　将6进1
6. 炮三平七　士4进5
7. 炮七平二　士5进6
8. 炮一退一　将6退1
9. 马六进四　卒5平4
10. 帅六进一　卒6平5
11. 帅六平五　马9进7
12. 帅五退一　卒3平4
13. 马四进三　（红胜）

（三）

1. 炮七平五　士5进6
2. 马三退四　将5进1
3. 炮一退一　将5退1
4. 马四进五　士6退5
5. 炮一进一　将5平6
6. 马五退三　卒5平4
7. 帅六进一　卒6平5
8. 帅六平五　马9进7
9. 帅五退一　象3进5
10. 兵二进一　象9退7
11. 兵二平三　（红胜）

（四）

1. 炮七平五　士5进6
2. 马三退四　将5平6
3. 马四进六　士6退5
4. 炮五平三　士5进4
5. 炮三进三　将6进1
6. 炮三平七　将6平5
7. 炮一退一　将5进1
8. 马六退四　将5平6
9. 炮七退二　士4退5
10. 炮七平一　马9退8
11. 后炮平二　卒5平4
12. 帅六进一　卒3进1
13. 帅六进一　马8退6
14. 马四进六　将6平5
15. 炮一退一　（红胜）

（五）

1. 兵二进一　士5退6
2. 兵二平三　象9退7
3. 炮七平三　象3进5
4. 炮三平五　士4进5
5. 马三进二　卒5进1
6. 帅六进一　卒6平5
7. 帅六平五　将5平4
8. 炮一退六　（红胜）

注：变化（一）为原谱。变化（二）～（四）为原谱的演变。变化（五）迅速简化局面，形成双炮、马、兵对3卒的必胜局面，更加简洁、高效。

第307局　宽一步胜

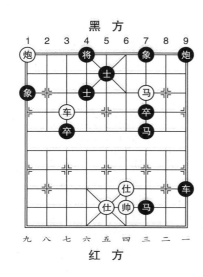

回合，车七平八，伏车八进一，再车八平六，弃车杀士，马后炮胜。符合局名"宽一步胜"。

1. <u>车七进三　将4进1</u>
2. 车七退一　将4退1
3. 炮九平三　将4平5
4. 车七平八　士5进6
5. 车八平四　车9平6
6. 仕五进四　炮9进8
7. 帅四退一　前马退5
8. 帅四平五　士4退5
9. 马三进四　（红胜）

赏析

宽，舒缓、延缓。本局红方第4

第308局　三军联位

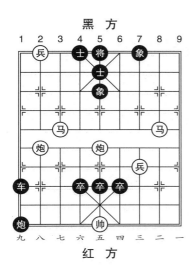

 赏析

三军，军队的通称，古代诸侯国的军队通常分为上、中、下三军，一军12500人，三军37500人。本局红、黑双方互为胶着，胜负只在一瞬之间。

（一）

1. 炮八进四　　车1退5
2. 炮八平七　　车1平3
3. 马七进六　　将5平6
4. 马二进三　　（红胜）

（二）

1. 炮八进四　　卒5进1
2. 帅五进一　　炮1平7
3. 马二进四　　卒4平5
4. 帅五平六　　车1平4

（黑胜）

注：变化（一）为原谱，红胜，有误，参见变化（二）。变化（二）为第1回合，黑方选择最佳的防守，卒5进1，黑胜。

第 309 局　有家难奔

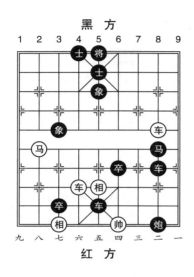

 赏析

有家难奔，由于种种原因，有家却不能回去。本局红方车占中，马跳入高钓马的位置，形成侧面虎杀。黑方无力回天，符合局名"有家难奔"。

1. 车二进四　士5退6
2. 车六进七　将5平4
3. 车二平四　将4进1
4. 车四平五　（红胜）

第 310 局　金鸡抱卵

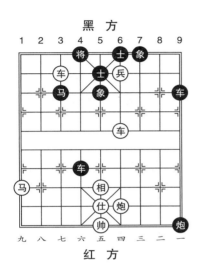

 赏析

金鸡抱卵，是喜事、吉祥事，古代经常用来形容风水宝地。本局红方先弃车，再以车、炮取胜。

1. 兵四平五　士6进5
2. 车七平五　马3退5
3. 车四进四　将4进1
4. 炮四进七　将4进1
5. 车四平六　（红胜）

第311局 深入远岛

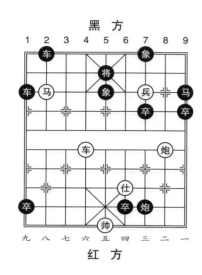

赏析

深入远岛，典故源自东汉大臣法雄的观点。汉永初三年（公元116年），海贼大肆劫掠，法雄等大破海贼，适逢汉安帝大赦天下，法雄认为这批贼众如果乘船出海，深入远岛，就不易征讨了。可以就此罢兵，抚慰盗贼。贼众闻讯大喜，将劫掠的财物归还。本局红方第2回合，车六平一，实施进攻，符合局名"深入远岛"。

（一）

1. 车六进四　将5退1
2. 车六平一　马9退7
3. 炮二进五　象7进9
4. 炮二退一　（红胜）

（二）

1. 车六进四　将5退1
2. 车六平一　马9退7
3. 炮二进五　象7进9
4. 炮二退一　将5平4
5. 车一进一　马7退5
6. 炮二进一　象9退7
7. 车一退一　车2进2

（黑胜）

注：变化（一）为原谱，红胜，有误，参见变化（二）。变化（二）为第4回合黑方选择最佳的变化，将5平4，黑胜。

第 312 局　马跳檀溪

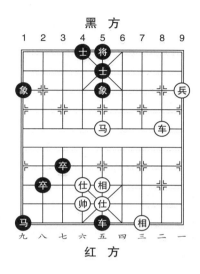

 赏析

檀溪，现今湖北省襄阳市檀溪路。马跳檀溪，又名马跃檀溪，是三国时期著名的典故。《三国演义》第34回，蔡夫人隔屏听密语，刘皇叔跃马过檀溪。蔡瑁在襄阳设宴，欲借机杀刘备，刘备得知后，马跃檀溪，得以逃脱。本局红方第8回合，马四退五，退回河口，以退为进，似防实攻。最终以边兵助攻取胜。

1. 车二进四　象5退7
2. 车二平三　士5退6
3. 马五进六　将5进1
4. 车三退一　将5进1
5. 车三退一　将5退1
6. 马六退四　将5平6
7. 车三进一　将6进1
8. 马四退五　将6平5
9. 马五进六　将5平4
10. 车三退一　将4退1
11. 车三平五　士4进5
12. 车五平九　士5进6
13. 马六进四　将4平5
14. 马四退六　将5平4
15. 车九进一　将4进1
16. 马六退五　将4平5
17. 马五进四　将5平6
18. 兵一平二　士6进5
19. 车九平五　车5平7
20. 相五退三　马1退3
21. 兵二平三　（红胜）

第 313 局　堵塞要路

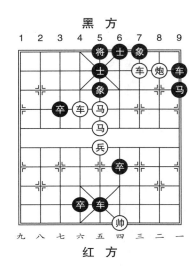

本局红方第 3 回合，马五进四，献马士角，引黑士吃马，腾出下二路，红车乘虚而入，转向攻击黑方右翼。最终炮塞象眼，车在钓鱼马的配合下，绝杀取胜。

1. 车六进三　将5平4
2. 前马进七　将4平5
3. 马五进四　士5进6
4. 车三平八　象5退3
5. 车八进一　象7进5
6. 炮二平六　车5平6
7. 帅四进一　卒6进1
8. 帅四进一　士6进5
9. 车八平七　士5退4
10. 车七平六　（红胜）

 赏析

要路，重要的道路，主要的道路。

第 314 局　三将夺关

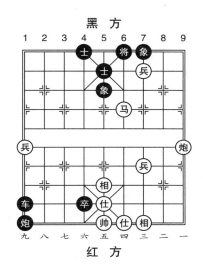

局红方第 1 回合，前兵平二，暗伏闷杀。第 9 回合，炮一退四，暗伏马后炮杀着。最终以马、炮、兵取胜。符合局名"三将夺关"。

1. 前兵平二　士5进4
2. 炮一进五　将6进1
3. 兵二平三　将6进1
4. 马四退三　象5进7
5. 马三进五　将6平5
6. 炮一退五　将5退1
7. 炮一进四　将5进1
8. 马五进三　将5平6
9. 炮一退四　车1退3
10. 马三退五　将6平5
11. 相五进七　（红胜）

注：红方得车，胜定。

 **赏析**

　　三将，东汉汉末三将是皇甫嵩、朱儁、卢植，他们平定黄巾起义，稳定国家大局，居功至伟。关，古代在险要地方或国界设立的守卫处所。本

第315局 渴骥饮泉

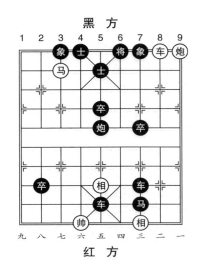

渴思饮的骏马,飞快奔赴甘泉,畅快地饮水。本局红方第1回合,马七退五,马退回黑方中路象位,黑方如3路象吃马,则车二退一,闷杀。黑方如不吃红马,则红车吃象将军后,回马高钓马的位置,形成侧面虎杀,取胜。

1. 马七退五　　象3进1
2. 车二平三　　将6进1
3. 马五退三　　将6进1
4. 车三退二　　将6退1
5. 车三平二　　将6退1
6. 车二进二　　（红胜）

渴骥饮泉,又名渴骥奔泉,像口

第316局 移星换斗

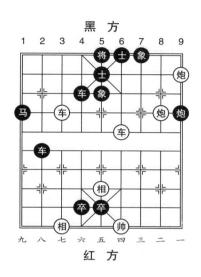

 赏析

移星换斗，改变天空中星斗的位置，比喻能力高超神奇。本局红方炮占中路，而后，进炮破士，取胜。

1. 炮二平五　将5平4
2. 炮五进二　将4平5
3. 车四进四　将5进1
4. 车七进二　车4退1
5. 车四退一　将5退1
6. 车七平六　炮9平5
7. 车四进一　（红胜）

第 317 局　赤壁鏖战

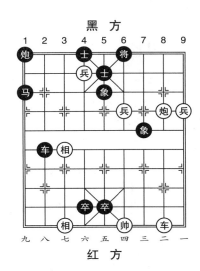

1.	兵四进一	士5进6
2.	炮二平四	士6退5
3.	炮四进二	将6平5
4.	车二进九	士5退6
5.	炮四平一	象5退7
6.	车二平三	士4进5
7.	炮一进一	士5进6
8.	车三退四	士6进5
9.	车三进四	士5退6
10.	兵六平五	将5进1
11.	车三退一	将5进1
12.	炮一退二	士6退5
13.	车三退一	士5进6
14.	车三平四	将5退1
15.	车四进一	将5进1
16.	兵一平二	卒5平6
17.	帅四进一	卒4平5
18.	帅四进一	车2进2
19.	相七退五	车2平5
20.	相七进五	马1退2
21.	兵二进一	（红胜）

 **赏析**

　　赤壁，现今湖北省赤壁市西北。鏖战，激烈的战斗，竭力苦战。赤壁鏖战，东汉末年，孙权、刘备联军在长江赤壁一带，以火攻大破曹操大军的战役，这是历史上有名的以少胜多、以弱胜强的战役，曹操北回，由此奠定了三国鼎立的局面。本局红方先弃四路兵，暗伏杀着，迫使黑士吃红兵，由此拉开了进攻的序幕，最终以边兵取胜。

第 318 局　匿影避形

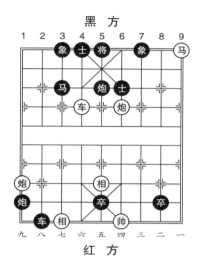

1. 马一退三　将5进1
2. 炮四平二　将5平6
3. 车六进二　将6退1
4. 车六平五　车2平3
5. 相五退七　卒5进1
6. 帅四进一　炮5进6
7. 帅四平五　马3退5
8. 炮九平四　马5进6
9. 马三退四　炮1退3
10. 炮四进三　炮1退4
11. 马四进二　炮1平6
12. 马二进四　士4进5
13. 炮二进三　象7进9
14. 马四退二　将6平5
15. 马二进三　（红胜）

赏析

匿影避形，又名匿影藏形，隐藏行迹，不露真相，也比喻躲藏起来，不公开活动。本局红方第4回合，车六平五，车占据花心，取胜。

第319局　右相安刘

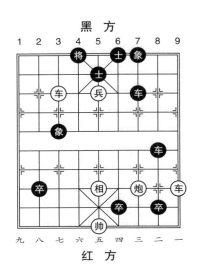

赏析

　　右相，古代官职，丞相之一，右相为尊。安刘，汉高祖刘邦晚年认为，周勃为人稳重厚道，只是缺少文才，然而能够使大汉天下安定的，除了周勃，再没有别人，因此，一定要让他做太尉。吕氏企图篡夺汉朝的江山，周勃与右相陈平一起平定诸吕之乱，匡扶汉室。因周勃的功劳更大，陈平以右相让与周勃。本局红方炮打象，飞起右相，一招将军脱袍，取胜。

（一）

1. 车七进二　将4进1
2. 车七退一　将4退1
3. 炮三进七　车7退2
4. 车七进一　将4进1
5. 兵五进一　（红胜）

（二）

1. 车七进二　将4进1
2. 车七退一　将4退1
3. 炮三进七　车7退2
4. 车七进一　将4进1
5. 兵五进一　士6进5
6. 车七退一　将4退1
7. 相五进三　车8退3
8. 车一平六　车8平4
9. 车六进五　士5进4
10. 车七进一　将4进1
11. 车七平三　卒2平3
12. 车三退一　将4退1
13. 车三退三　卒3进1
14. 车三平六　将4进1
15. 相三退一　卒8平7
16. 车六进一　象3退1

（和局）

（三）

1. 炮三进七　车7退2
2. 相五进三　车7进5
3. 车七进二　将4进1
4. 兵五进一　士6进5
5. 车七退一　将4退1
6. 车一进七　士5退6
7. 车一平四　（红胜）

（四）

1. 炮三进七　车7退2
2. 相五进三　车8平7
3. 车一平六　将4平5
4. 车七进二　士5退4
5. 车七平六　（红胜）

（五）

1. 炮三进七　车7退2
2. 相五进三　象3退5
3. 车一平八　将4平5
4. 车八进七　士5退4
5. 车七平五　士6进5
6. 车五进一　将5平6
7. 车八平六　（红胜）

注：变化（一）为原谱，红胜，有误，参见变化（二）。变化（二）为第5回合，黑方选择最佳的变化，士6进5，和局。变化（三）～（五）为第1回合，红方选择最佳的变化，炮三进七，更加简洁、高效，红胜。

第 320 局　好勇不矜

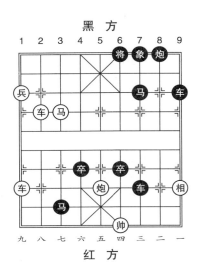

 赏析

好勇，好逞勇武。不矜，不骄傲，不夸耀。本局红方第1回合，马七进五，借将军让开车道。第4回合，炮五进五，顶马，取胜。

1. 马七进五　马7退5
2. 车八平四　将6平5
3. 马五进七　将5平4
4. 炮五进五　象7进5
5. 车四平六　（红胜）

第 321 局　跨海东征

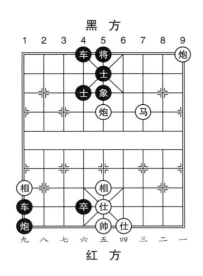

征，当属唐太宗李世民率军跨海东征高丽，但遇上高丽人顽强抵抗，加上气候恶劣，粮草供应不足，损失惨重，只得撤兵。本局红方马入边，取胜。

1. 马三进一　将5平6
2. 炮五平二　士5进6
3. 炮二平四　士6退5
4. 马一进二　象5退7
5. 马二退三　将6进1
6. 炮一退四　将6进1
7. 炮四退三　将6平5
8. 马三退四　（红胜）

赏析

跨海东征，历史最有名的跨海东

第 322 局　过眼成虚

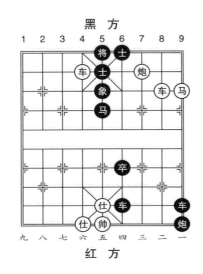

赏析

过眼，过目，略加看视。北宋苏轼的《吉祥寺僧求阁名》：过眼荣枯电与风，久长那得似花红。虚，虚空。过眼成虚，又称过眼云烟。本局红方第1回合，炮三进一，弃炮入局，采用腾挪战术，弃掉阻碍红马卧槽的炮，

同时打通车路。第2回合，车二平七，双车威胁，两翼夹击，黑方在劫难逃。最终红方以车取胜。

🌥 （一）🌥

1. 炮三进一　象5退7
2. 车二平七　马5退4
3. 马一进三　将5平4
4. 车七进二　（红胜）

🌥 （二）🌥

1. 炮三进一　象5退7
2. 车二平七　士5退4
3. 马一进三　马5退6
4. 车六平四　车9平7
5. 车四平五　将5进1
6. 车七进一　（红胜）

注：变化（一）为原谱。变化（二）采用双将杀。

第 323 局　临难忘躯

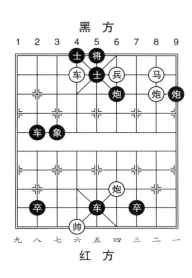

 赏析

临难，身当危难，常指面临死亡。躯，指生命。本局红方马借炮势，强入士角，取得优势。

（一）

1. 马二进四　炮6平7
2. 炮二进二　炮7退2
3. 兵四平三　车2退4
4. 马四退五　士5退6
5. 兵三平四　士4进5
6. 兵四平五　（红胜）

（二）

1. 马二进四　炮6平7
2. 炮二进二　炮7退2
3. 兵四平三　士5退6
4. 车六进一　将5进1
5. 炮二退一　将5进1
6. 车六平四　车5进1
7. 帅六进一　卒2平3
8. 帅六进一　车5平4
（黑胜）

（三）

1. 炮二退六　车5退6
2. 炮四平五　车5进5
3. 兵四进一　士5退6
4. 马二退四　（红胜）

（四）

1. 炮二平三　卒2平3
2. 兵四进一　士5退6
3. 炮三进二　士6进5
4. 马二进四　（红胜）

注：变化（一）为原谱，红胜，有误，参见变化（二）。变化（二）为第 3 回合，黑方选择最顽强的防守，士 5 退 6，黑胜。

变化（三）～（四）为第 1 回合，红方选择最佳的变化，炮二退六或炮二平三，更加简洁、高效，红胜。

第 324 局　夜过昭关

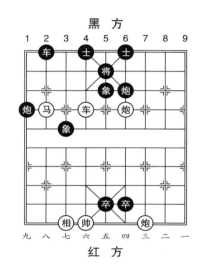

子胥过关，一夜白头，这是一个古老的民间传说。伍子胥原为楚国大夫伍奢的次子，楚平王听信谗言，杀其父兄，子胥逃至昭关，昭关地势险要，位于两山之间，前有大江阻拦，又有重兵把守。子胥一夜白头，而后由于东皋公的巧妙安排，子胥更换衣裳，混过昭关，到达吴国，后与孙武一同举兵复仇。本局红方车平右，占据肋道，取胜。

1. 车六进二　将 5 退 1
2. 车六平四　车 2 进 3
3. 炮三进九　士 6 进 5
4. 车四进一　（红胜）

昭关，现今安徽省含山县以北。

第 325 局　退思补过（乙）

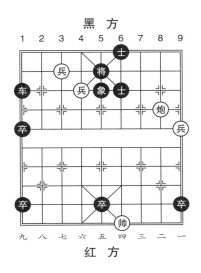

赏析

退思补过，事后省察自己的言行，有没有错误必须补正的地方。本局红方第 7 回合，炮五进三，先吃黑车，得实惠。第 9 回合，炮六退八，弃炮引离黑 5 路卒，红帅由此逃离险地，安如泰山。最终一路边兵衔枚疾进，双鬼拍门，取胜。

（一）

1. 炮二平五　象 5 进 3
2. 兵七平六　将 5 退 1
3. 后兵平五　士 6 进 5
4. 兵五进一　将 5 平 6
5. 兵六进一　车 1 退 2
6. 兵六平五　车 1 平 5
7. 炮五进三　象 3 退 5
8. 炮五平六　卒 9 平 8
9. 炮六退八　卒 5 平 4
10. 帅四进一　卒 8 平 7
11. 帅四进一　前卒平 2
12. 兵一进一　卒 2 平 3
13. 兵一平二　卒 1 进 1
14. 兵二平三　卒 7 平 6
15. 兵三进一　卒 4 平 5
16. 兵三平四　卒 3 平 4
17. 兵四进一　（红胜）

（二）

1. 炮二平五　将 5 平 6
2. 兵七平六　车 1 平 4
3. 兵六平五　士 6 进 5
4. 炮五平四　（红胜）

注：变化（一）为原谱，原谱至第 10 回合，帅四进一，红胜。现补上余下的着法。变化（二）为第 1 回合，黑方选择的变化，将 5 平 6，红胜。本局与第 16 局同名。

第 326 局　奇妙文武

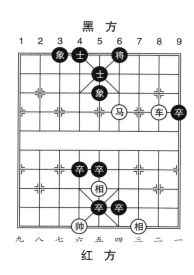

 **赏析**

奇妙，稀奇，神奇，巧妙。文武，文才武略。本局红方车、马联攻，取胜。

（一）

1. 车二进三　将6进1
2. 马四进二　将6进1
3. 车二退一　象5退7
4. 车二平三　将6平5
5. 车三退一　士5进6
6. 马二退四　将5退1
7. 车三进四　将5进1
8. 车三平六　士6退5
9. 车六退四　将5平6
10. 车六平四　前卒平4
11. 帅六进一　卒4进1
12. 帅六进一　卒5平4
13. 帅六退一　卒6平5
14. 帅六平五　将6平5
15. 马四进三　将5平4
16. 车四平六　（红胜）

（二）

1. 车二进三　将6进1
2. 马四进二　将6进1
3. 车二退一　象5退7
4. 车二平三　象7进9
5. 车三退一　将6退1
6. 车三退一　将6退1
7. 车三平四　士5进6
8. 车四进一　将6平5
9. 车四退六　前卒平6
（黑胜）

（三）

1. 车二进三　将6进1

2. 马四进二　将6进1
3. 车二退一　象5退7
4. 车二平四　将6平5
5. 车四退四　士5退6
6. 车四平五　将5平6
7. 马二进三　将6退1
8. 马三退二　将6进1
9. 马二退三　将6退1
10. 马三进五　将6进1
11. 车五平二　将6平5
12. 马五进七　将5平4
13. 马七退六　士4进5
14. 马六进四　将4平5
15. 马四进三　将5平6
16. 车二平四　（红胜）

（四）

1. <u>车二进三　将6进1</u>
2. 马四进二　将6进1

3. 车二退一　象5退7
4. 车二平四　将6平5
5. 车四退四　士5退6
6. 车四平五　将5平6
7. 车五平三　将6平5
8. 马二退四　将5平6
9. 车三平四　将6退1
10. 马四进六　将6平5
11. 车四进四　将5进1
12. 马六退五　士6进5
13. 车四退二　卒4进1
14. 车四平五　将5平6
15. 车五进二　（红胜）

注：变化（一）为原谱，红胜，有误，参见变化（二）。变化（二）为第4回合，黑方选择最佳的防守，象7进9，红方攻势瓦解，黑胜。变化（三）～（四）为第4回合，红方选择最佳的变化，车二平四，红胜。

第 327 局　忠孝两全

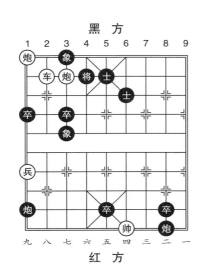

 **赏析**

忠孝两全，对国家尽忠，对父母尽孝，两样都做得很好。本局红方车捉黑中卒，取胜。

（一）

1. 车八进一　将4进1
2. 炮九退一　将4平5
3. 车八退二　士5进4
4. 炮七退一　士4退5
5. 炮七退二　士5进4
6. 车八退三　士4退5
7. 车八平五　将5平4
8. 炮七平三　将4退1
9. 车五退三　将4退1
10. 车五平九　象3进5
11. 车九平六　将4平5
12. 炮三平八　（红胜）

（二）

1. 车八进一　象3退1
2. 炮九退一　将4退1
3. 炮七平八　炮1平3
4. 炮八退七　炮8平9
5. 炮八平五　卒8进1

（黑胜）

（三）

1. 炮九退一　象3退1
2. 车八退七　将4退1
3. 车八平五　象3进5
4. 车五平六　将4平5
5. 炮九进一　士5进4
6. 车六平二　炮1平2
7. 炮七平八　将5平4
8. 车二进八　象5退7
9. 车二平三　将4进1

10. 炮九退一　（红胜）

（四）

1. 炮九退一　将4退1
2. 炮七退一　将4平5
3. 车八退七　卒8平7
4. 炮九进一　士5退4
5. 车八平五　士6退5
6. 车五平九　卒7进1
7. 帅四进一　炮8退7
8. 车九平五　炮8平6
9. 车五进五　卒7平6
10. 帅四退一　（红胜）

注：变化（一）为原谱，红胜，有误，参见变化（二）。变化（二）为第1回合，黑方选择最佳的防守，象3退1，黑胜。变化（三）～（四）为第1回合，红方选择最佳的变化，炮九退一，红胜。

第 328 局　虹霓贯日

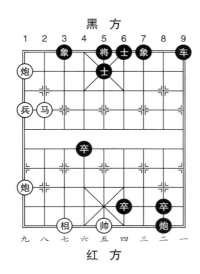

干犯太阳，古人常以之为君王蒙难或精诚感天的天象。本局红方第1回合，后炮平六，平炮士角，催杀。第3回合，帅五平六，伏炮六进七，借帅力照将后，再马八进七卧槽闷杀。第5回合，炮九退一，平步惊雷，给予黑方致命一击。

1. 后炮平六　卒4平5
2. 炮九进一　象3进5
3. 帅五平六　士5进6
4. 炮六进七　将5进1
5. 炮九退一　卒6进1
6. 帅六进一　炮8平3
7. 马八进七　（红胜）

虹霓，彩虹。贯日，遮蔽太阳，

第329局 远交近攻（乙）

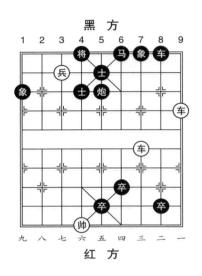

赏析

远交近攻，指联络距离较远的国家，进攻邻近的国家，这是战国时期秦国采取的外交策略，现指待人处事的手段。本局红方车平左路，取胜。

1. 车一平八　将4平5
2. 兵七平六　士5退4
3. 车八进三　士4退5
4. 兵六平五　将5进1
5. 车三进四　将5退1
6. 车八平六　（红胜）

注：本局与第46局同名。

第 330 局　殒命宁亲

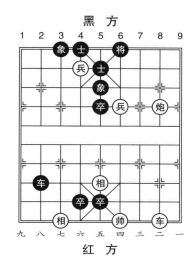

本局红方进四路兵，取胜。

1. 兵四进一　士5进6
2. 炮二平四　士6退5
3. 炮四进二　将6平5
4. 车二进九　士5退6
5. 炮四平一　象5退7
6. 车二平三　士4进5
7. 炮一进一　士5进6
8. 炮一平四　士6退5
9. 炮四平七　士5退6
10. 车三平四　（红胜）

 赏析

殒命，死亡，丧生。宁亲，省亲。

第 331 局　车马盈门

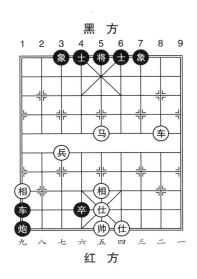

 **赏析**

车马盈门，车子充满门庭，比喻宾客很多。本局红方马挂右角，以车、马联攻，取胜。

(一)

1. 马五进四　将5进1
2. 马四退六　将5平4
3. 马六进八　将4进1
4. 车二平六　将4平5
5. 车六平五　将5平4
6. 马八进七　将4退1
7. 车五平六　将4平5
8. 车六进四　将5平6
9. 车六退一　将6进1
10. 马七退六　将6平5
11. 马六退五　炮1平6
12. 帅五平四　车1进1
13. 帅四进一　卒4平5
14. 帅四平五　（红胜）

(二)

1. 马五进四　将5进1
2. 马四退六　将5平4
3. 马六进八　将4平5
4. 车二平五　象7进5
5. 马八退六　将5平4
6. 车五平六　象5退7
7. 马六进四　将4平5
8. 车六进三　将5进1
9. 马四退五　炮1平6
10. 帅五平四　车1平6
11. 帅四进一　卒4平5
12. 帅四平五　车1平6
13. 马五进三　车6退6
14. 车六退二　车6平7
15. 车六平三　将5退1

16. 车三进三　将5退1
17. 车三退二　将5进1
18. 兵七进一　（红胜）

注：变化（一）为原谱。第11回合，马六退五，红胜。现补上余下的回合。变化（二）为第3回合，黑方选择的变化，将4平5。第9回合，红马四退五，红胜。现补上余下的回合。

第332局　截趾适履

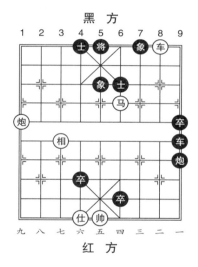

赏析

截趾适履，脚大鞋小，切断脚趾去适应鞋子的大小，比喻勉强凑合或无原则的迁就。本局红方第3回合，车三退一，暗伏马四进六后，红车照将杀着。第4回合，炮九平六，拦截战术。最终以车、马、炮联攻，取胜。

（一）

1. 车二平三　将5进1
2. 车三退一　将5退1
3. 车三退一　车9平4
4. 炮九平六　士6退5
5. 炮六平五　将5平6
6. 炮五平四　将6平5
7. 马四进三　将5平6
8. 车三平四　（红胜）

（二）

1. 车二平三　将5进1
2. 车三退一　将5退1
3. 车三退一　车9平4
4. 炮九平六　士4进5
5. 车三进二　象5退7
6. 马四进六　将5平6
7. 炮六平四　（红胜）

（三）

1. 车二平三　将5进1

2. 车三退一　将5退1
3. 车三退一　将5进1
4. 车三平四　将5平4
5. 车四进一　士4进5

6. 车四平五　将4退1
7. 炮九平六　车9平4
8. 马四进六　车4退1
9. 马六进八　（红胜）

第333局　策马入城

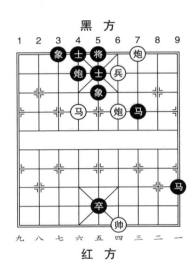

赏析

策马，用马鞭驱马，使马快跑。本局红方弃兵，以马后炮闷杀，取胜。

1. 兵四进一　将5平6
2. 马六进四　马7退6
3. 马四进二　将6平5
4. 马二进四　（红胜）

第334局　蝶恋花心

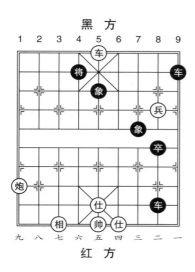

赏析

蝶，蝴蝶。恋，留恋，依依不舍。花心，花朵的中心，花蕊。本局红黑双方相互胶着，胜负只在一瞬之间。

（一）

1. 相七进五　车8退2
2. 炮九退二　车8平5
3. 仕五进六　车9进5
4. 炮九平六　车5平4
5. 兵二平三　车9平5

6. 兵三进一　车5进1
7. 仕四进五　车5退1
8. 兵三进一　（红胜）

（二）

1. 相七进五　车8平9
2. 车五平八　后车进1
3. 兵二进一　后车平8
4. 炮九退一　车9退1
5. 车八平五　车9平5
6. 炮九平六　卒8平7
7. 帅五平六　车5进1
8. 炮六进六　车5平1
9. 车五退一　将4退1
10. 车五平四　车1进1
11. 帅六进一　车8进6
12. 仕四进五　车1退1
13. 帅六退一　车1平5
14. 炮六进一　车8进1

（黑胜）

注：变化（一）为原谱，红胜，有误，参见变化（二）。变化（二）为第1回合，黑方选择最佳的防守，车8平9，黑胜。如在红方一·四位增加兵，则可按原谱，红胜。

第 335 局　殃及池鱼

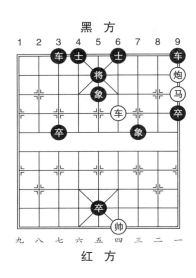

 赏析

城门失火，殃及池鱼。城门失火，大家都到护城河取水，水用完了，鱼也死了，比喻无辜被连累而遭受灾祸。本局红方弃马，以车、炮铁门栓，取胜。

1. 炮一退二　　车9进2
2. 车四进二　　将5退1
3. 炮一平五　　士6进5
4. 车四进一　　（红胜）

第 336 局　伍相奔吴

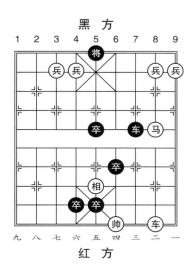

赏析

伍相，伍子胥，春秋时期，吴国的大夫、军事家。伍相奔吴，伍子胥原为楚国大夫伍奢的次子，楚平王听信谗言，杀其父兄，伍子胥投奔吴国，后率军讨伐楚国。本局红方弃马，意图以车、兵胜。黑方巧弃卒，又可抢先一步成杀。

（一）

1. 马二进三　车7退2
2. 兵二平三　车7平6
3. 车二进九　车6退2
4. 兵三平四　车6平8
5. 兵六平五　将5平4
6. 兵七平六　（红胜）

（二）

1. 马二进三　车7退2
2. 兵二平三　前卒平6
3. 帅四进一　卒6进1
4. 帅四退一　卒6进1
5. 帅四平五　卒4平5
6. 帅五平六　车7平4

（黑胜）

注：变化（一）为原谱，红胜，有误，参见变化（二）。变化（二）为第2回合，黑方选择最佳的防守，前卒平6，黑胜。

第 337 局　大车无輗

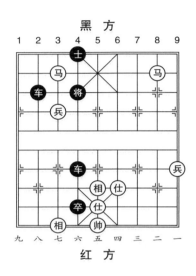

1.	马二进四	士4进5
2.	马七退五	士5退6
3.	马五进四	卒4平5
4.	仕四退五	车4进2
5.	兵一进一	车4退4
6.	兵一进一	车4进4
7.	兵一进一	车4退3
8.	兵一平二	车4进1
9.	兵二平三	车4退2
10.	兵三平四	车4进4
11.	兵四进一	车4平5
12.	帅五进一	车2进6
13.	帅五退一	车2平8
14.	兵七进一	（红胜）

　**赏析**

大车，牛车。大车无輗，古代用牛力的车叫大车，要把牲口套在车辕上。车辕前面有一道横木，就是驾牲口的地方。大车的横木称为鬲，鬲两头都有关键，輗就是鬲的关键。车子没有它，自然无法套住牲口。本局红方弃马，以边兵取胜。

注：原谱至第3回合，马五进四，红胜。此时，红马处于八角马的位置，控制黑将的活动，七路兵随时可以进兵或平兵，绝杀黑方。黑方双车被红方马、兵所困，被迫护住黑将，不得自由活动。红方一路边兵则通行无阻，渡河助攻，一路衔枚疾进，绝杀黑方。

第 338 局　英略盖世

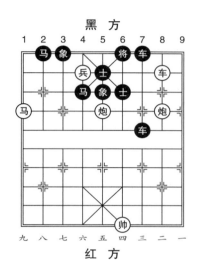

能、功绩等高出当代之上。本局红方先后弃兵、马、车，最终以双炮闷将，取胜。

1. 车二平四　将6平5
2. 兵六平五　士6退5
3. 车四平五　将5平4
4. 马九进七　马2进3
5. 车五平六　将4进1
6. 炮五平六　将4平5
7. 炮二平五　（红胜）

赏析

英略，英明而有谋略。盖世，才

第 339 局　星坠日升

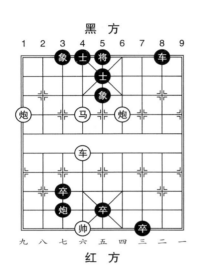

4. 车六进四　将5进1
5. 车六退一　将5退1
6. 车六平二　卒3平4
7. 车二平六　卒4进1
8. 车六退六　卒5平4
9. 帅六进一　象7进9
（和局）

（三）

1. 炮四平五　将5平6
2. 车六平四　将6平5
3. 炮九平七　卒3平4
4. 马六进七　炮3退7
5. 炮七进三　（红胜）

（四）

1. 炮四平五　车8进1
2. 马六进五　炮3平4
3. 炮九进三　将5平6
4. 车六进五　将6进1
5. 车六平四　（红胜）

 **赏析**

坠，往下沉。升，向上。本局红方弃马，以车、炮取胜。

（一）

1. 炮九进三　（红胜）

（二）

1. 炮九进三　车8进2
2. 马六进五　象5退7
3. 炮四平五　将5进1

注：变化（一）为原谱，红胜，有误，参见变化（二）。变化（二）为第1回合，黑方选择最佳的变化，车8进2，和局。变化（三）～（四）为第1回合，红方选择最佳的变化，炮四平五，红胜。

第 340 局　兵马侵境

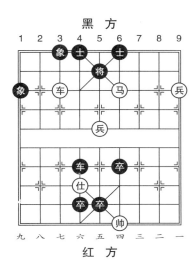

赏析

兵马，士兵和军马，泛指军队。侵境，入侵边境。本局红方车、马、兵联攻，取胜。

（一）

1. 车七进一　将5进1
2. 马四进二　车4退3
3. 马二进四　将5平6
4. 兵一平二　车4平7
5. 马四退二　将6平5
6. 兵五进一　车7平5
7. 马二进四　将5平6
8. 兵二平三　（红胜）

（二）

1. 车七进一　将5进1
2. 马四进二　士4进5
3. 车七退一　士5进4
4. 兵五进一　将5退1
5. 车七进一　将5退1
6. 马二退四　将5平4
7. 车七平六　（红胜）

（三）

1. 车七进一　将5进1
2. 马四进二　车4进1
3. 兵五进一　将5平4
4. 车七退一　将4退1
5. 马二退四　将4平5
6. 车七进一　车4退6
7. 车七平六　（红胜）

（四）

1. 车七进一　将5进1
2. 马四进二　车4平5

3. 马二进四　将5平6
4. 马四退二　将6平5
5. 车七平六　士4进5
6. 车六退二　士5退4
7. 车六平五　将5平4
8. 马二进四　车5平4
9. 车五平七　士4进5
10. 车七进一　（红胜）

（五）

1. 车七进一　将5进1
2. 马四进二　士6进5
3. 兵五进一　将5平4
4. 车七退一　将4退1
5. 兵五进一　（红胜）

注：变化（一）为原谱。变化（二）～（五）为第2回合，黑方选择不同变化的演变。

第341局　抱火积薪

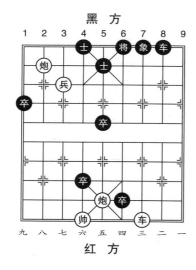

赏析，把火放在柴堆下面，比喻潜伏着很大危险。本局红方底线车投入战斗，最终以车、炮、兵联攻，取胜。

1. 车三进八　士5进4
2. 兵七进一　士4进5
3. 炮八进一　卒4进1
4. 帅六进一　卒6平5
5. 帅六平五　将6平5
6. 兵七进一　士5退4
7. 车三平六　（红胜）

 赏析

薪，柴草。抱火积薪，又名厝火

第 342 局　闭窟捉虎

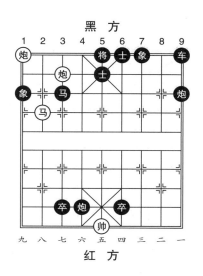

 赏析

窟，洞穴。本局红方炮在八路马的掩护下，硬塞入士角，最终以炮闷杀，取胜。

1. 炮七进一　　马 3 退 2
2. 马八进六　　将 5 平 4
3. 马六进八　　将 4 平 5
4. 炮七退二　　马 2 进 4
5. 炮九平六　　炮 4 退 8
6. 炮七进二　　（红胜）

第 343 局　深入敌境

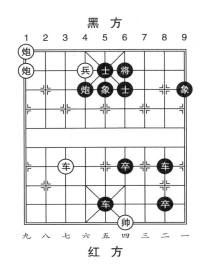

《孙子兵法·九地篇》："凡为客之道，深则专，浅则散。……入深者，重地也。"讲述了凡是进入敌国作战的原则，深入敌境则军心专一，敌军无法胜我，……深入敌境的地区叫重地。本局红方车进底线，弃车吸引，最终以双炮、兵妙杀黑将。

1. 车七进六　　卒8平7
2. 车七平四　　将6退1
3. 兵六进一　　象5退3
4. 兵六平五　　（红胜）

赏析

深入敌境，春秋时期，孙武的

第344局 爱身待时

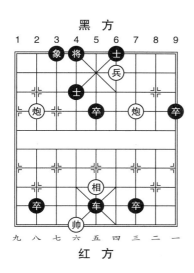

赏析

爱身，爱惜生命，贪生怕死。唐朝杜甫的《奉送严公入朝十韵》：公若登台辅，临危莫爱身。待时，等待时机。本局红方炮回打黑中车，最终重炮杀，取胜。

（一）

1. 炮三进三　将4进1
2. 炮三退六　将4退1
3. 兵四进一　将4进1
4. 炮三平五　车5进1
5. 帅六平五　士4退5
6. 炮八平一　卒5进1
7. 炮一退五　卒5进1
8. 炮五平七　卒5进1
9. 相五进七　卒5平4
10. 炮七进六　卒2进1
11. 帅五进一　士5退6
12. 炮一退一　士6进5
13. 炮一平六　卒4平5
14. 相七退九　将4退1
15. 炮七退八　卒5平6
16. 炮七平三　将4平5
17. 炮六平五　卒6进1
18. 炮三退一　将5平6
19. 炮三平八　卒6进1
20. 帅五进一　士5退4
21. 炮八进一　将6进1
22. 炮五平七　将6退1
23. 炮七进一　卒6进1
24. 炮八退一　卒6平5
25. 相九退七　卒5平4
26. 炮八平六　士4进5
27. 炮六平五　士5退4
28. 炮七平四　士4进5
29. 炮五进八　将6平5
30. 相七进九　将5平4

31. 炮五平七　将4进1
32. 炮四平六　将4进1
33. 炮七退四　将4退1
34. 炮七平六　（红胜）

（二）

1. 炮三进三　将4进1
2. 炮三退六　将4退1
3. 兵四进一　车5进1
4. 帅六平五　士4退5
5. 炮三进六　将4进1
6. 炮八平一　卒7平8
7. 炮三平七　卒5进1
8. 相五进七　卒5进1
9. 帅五进一　卒5平4
10. 炮一退六　卒4平3
11. 炮一平六　卒3进1
12. 炮六进六　卒3平4
13. 炮七退四　士5进6
14. 炮七平六　（红胜）

（三）

1. 炮三进三　将4进1
2. 炮三退一　将4退1
3. 炮八平一　车5进1
4. 帅六平五　士4退5
5. 炮一退五　卒7平6
6. 炮一平八　卒5进1
7. 炮三进一　将4进1
8. 炮三平七　卒5进1
9. 炮七退八　（红胜）

注：变化（一）为原谱，至第4回合，炮三平五，红胜。现补上余下的回合。变化（二）为第3回合，黑方选择变化的演变。变化（三）为第2回合，红方选择最佳的变化，炮三退一，将军，至第9回合，炮七退八，打死黑方一卒，胜定。

第 345 局　石燕拂云

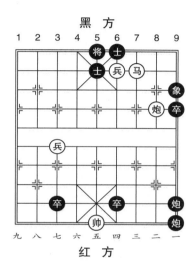

 赏析

石燕，鸟名，似蝙蝠，产于石窟树穴中。拂云，触到云，极言其高。本局红方意图马后炮取胜，黑方妙手解围，胜负在一瞬间。

（一）

1. 炮二进三　　象9退7
2. 兵四平五　　将5平4
3. 炮二平四　　前炮平8
4. 马三进五　　（红胜）

（二）

1. 炮二进三　　象9退7
2. 兵四平五　　将5平4
3. 炮二平四　　前炮平6
4. 马三进五　　炮6退9
（黑胜）

（三）

1. 炮二进三　　象9退7
2. 兵四平五　　将5平4
3. 炮二平四　　前炮平6
4. 炮四退九　　炮9进1
（黑胜）

（四）

1. 兵四平五　　将5平4
2. 兵五进一　　将4进1
3. 炮二进二　　士6进5
4. 马三退五　　士5进4
5. 马五退三　　卒6平5
6. 帅五进一　　卒3平4
7. 帅五平六　　将4平5
8. 兵五平四　　象9进7
9. 兵七进一　　前炮平7
10. 马三退五　　炮9退4

367

11. 马五退六　炮9平3
12. 马六进七　象7退5
13. 马七进五　卒9进1
14. 马五进三　将5平6
15. 兵四平五　炮7退4
16. 炮二平一　炮7平5
17. 马三退一　将6平5
18. 兵五平四　将5平4
19. 马一进二　将4退1
20. 马二退三　象5进7
21. 马三进四　炮5退4
22. 炮一退二　象7退5
23. 炮一平六　（红胜）

（五）

1. 兵四平五　将5平4
2. 兵五进一　将4进1
3. 炮二进二　士6进5
4. 马三退五　士5进4
5. 马五退三　卒6平5
6. 帅五进一　卒3平4
7. 帅五进一　前炮平3
8. 兵七进一　炮9平5
9. 兵五平四　象9进7
10. 兵七进一　炮3平5
11. 帅五平六　将4平5
12. 炮二平一　后炮平7
13. 马三进二　将5进1
14. 帅六退一　士4退5
15. 兵七平六　士5退6
16. 兵六平五　（红胜）

（六）

1. 兵四平五　将5平4
2. 兵五进一　将4进1
3. 炮二进二　士6进5
4. 马三退五　士5进4
5. 马五退三　卒6平5
6. 帅五进一　卒3平4
7. 帅五进一　前炮平3
8. 兵七进一　炮9平5
9. 兵五平四　象9进7
10. 兵七进一　炮3平5
11. 帅五平六　前炮平7
12. 马三进四　炮5退7
13. 马四退二　炮5进1
14. 帅六退一　象7退9
15. 马二进四　炮5进1
16. 马四退三　炮5退4
17. 马三进二　炮7退7
18. 马一进三　炮5退4
19. 马三退五　将4退1
20. 兵七进一　卒9进1
21. 兵七进一　炮7退1
22. 炮二进一　炮7退1
23. 兵四平三　（红胜）

注：变化（一）为原谱，红胜，有误，参见变化（二）～（三）。变化（二）～（三）为第3回合，黑方选择最佳的防守，前炮平6，黑胜。变化（四）～（六）为第1回合，红方选择最佳的变化，兵四平五，红胜。

第 346 局　朝野从容

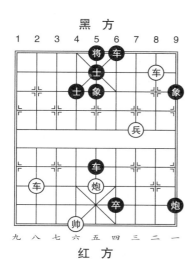

赏析

朝野，原指朝廷与民间，现指政府方面与非政府方面。从容，处事不慌张，很镇定。本局红方车、炮先后平左，在左翼集中双车、炮重火力，取胜。

（一）

1. 车八进七　士5退4
2. 车二平六　士4退5
3. 炮五平八　卒6平5
4. 车八平六　士5退4
5. 炮八进七　士4进5
6. 车六进一　（红胜）

（二）

1. 车八进七　士5退4
2. 车二平六　士4退5
3. 炮五平八　车5进3
4. 帅六平五　车6平8
5. 车八平六　士5退4
6. 炮八进七　士4进5
7. 炮八平二　（红胜）

（三）

1. 车八进七　士5退4
2. 车二平六　士4退5
3. 炮五平八　车5平2
4. 车八退六　车6进7
5. 车八进六　将5平6
6. 车六平五　车6平4
7. 帅六平五　象9进7
8. 车五平一　炮9平7
9. 炮八退一　炮7退2
10. 车一退七　车4平5
11. 帅五平六　卒6平5
12. 车八平六　将6进1

13. 车一进七　将6进1
14. 车六平四　（红胜）

注：变化（一）为原谱。变化（二）～（三）为第3回合，黑方选择变化的演变。变化（三）为黑方选择最顽强的防守。

第347局　绝长补短

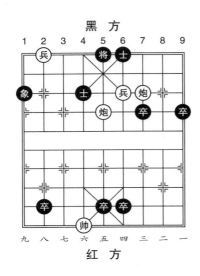

赏析

绝，截断。绝长补短，长短相济，移多补少。本局红方第1回合，兵四进一，锁住将路，利用空头炮，以右炮沉底照将，催杀。第2回合，炮三进二，进炮照将，步步紧逼。第5回合，炮六进二，进炮压制黑将，配合右炮攻杀。最终以双炮、双兵取胜。

（一）

1. 兵四进一　将5平4
2. 炮三进二　将4进1
3. 炮三退一　将4退1
4. 炮五平六　士4退5
5. 炮六进二　士5进4
6. 炮六平八　将4平5
7. 兵八平七　士6进5
8. 炮三平五　卒5平4
9. 帅六进一　卒2平3
10. 帅六进一　士4退5
11. 炮八进一　士5退4
12. 兵七平六　（红胜）

（二）

1. 兵四进一　将5平4
2. 炮三进二　将4进1
3. 炮三退一　将4退1
4. 炮五平六　士4退5
5. 炮六进二　士5进4
6. 炮六平九　士6进5
7. 兵四平五　卒5进1
8. 帅六进一　卒2平3

9. 帅六进一　象1退3
10. 兵八平七　（红胜）

注：变化（一）为原谱。变化（二）为第6回合，红方选择最佳的变化，炮六平九，更加简洁、高效。

第348局　夷齐扣马

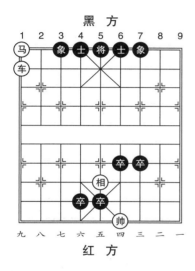

 赏析

夷齐，指伯夷、叔齐，他们以仁义为先，利益居后的品德受到赞赏。扣马，指拉住马不使行进，后人以扣马为直谏之典。本局红方以车、马取胜。

（一）

1. 马九退七　将5进1
2. 马七退六　将5进1
3. 车九平四　士6进5
4. 车四退四　将5平4
5. 车四平六　卒5平6
6. 帅四进一　卒6进1
7. 帅四进一　卒7进1
8. 帅四退一　卒4平5
9. 帅四平五　将4平5
10. 马六进七　将5平6
11. 车六平四　（红胜）

（二）

1. 马九退七　将5进1
2. 马七退六　将5进1
3. 车九平四　将5平4
4. 马六退七　士4进5
5. 车四退四　卒4进1
6. 马七退六　将4退1
7. 相五退三　卒6平5
8. 车四平五　卒7平6
9. 车五平四　后卒平4
10. 车四平六　士5进4
11. 车六退一　卒6进1

12. 车六平四　卒4平5
13. 马六退五　卒5平6
（黑胜）

（三）

1. 马九退七　将5进1
2. 马七退六　将5进1
3. 马六退四　将5平6
4. 马四进二　将6平5
5. 马二进三　将5平6
6. 车九退四　将6退1
7. 车九平四　将6平5
8. 马三退四　将5进1
9. 车四平三　将5平6
10. 马四进二　将6平5
11. 车三平五　将5平6
12. 马二退三　将6退1
13. 马三进五　将6进1
14. 车五平二　将6平5
15. 马五进七　将5平4
16. 马七退六　将4退1
17. 马六进四　士4进5
18. 车二平六　士5进4
19. 车六进三　（红胜）

（四）

1. 马九退七　将5进1
2. 马七退六　将5进1
3. 马六退四　将5平4
4. 车九退四　将4退1
5. 车九平六　将4平5
6. 马四进六　将5进1
7. 车六平五　将5平4
8. 马六进四　士4进5
9. 车五平六　将4平5
10. 马四进五　将5平6
11. 车六平四　将6平5
12. 马五退七　将5平4
13. 车四平六　（红胜）

注：变化（一）为原谱，红胜，有误，参见变化（二）。变化（二）为第3回合，黑方选择最佳的防守，将5平4，黑胜。变化（三）～（四）为第3回合，红方选择最佳的变化，马六退四，红胜。

第 349 局　力小任大

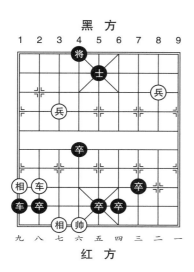

 **赏析**

力小任大，又名力小任重，能力小，责任重，力不胜任。《周易·系辞下》：德薄而位尊，知小而谋大，力小而任重，鲜不及矣。本局红方车八进七，将军，最终以车、双兵取胜。

1. 车八进七　将4进1
2. 兵七进一　士5进6
3. 车八退一　将4退1
4. 兵七平六　将4平5
5. 兵六平五　将5平4
6. 车八进一　将4进1
7. 车八退五　卒5平4
8. 帅六平五　后卒平5
9. 车八进四　将4退1
10. 兵五平六　卒6平5
11. 帅五平四　将4平5
12. 兵六进一　前卒平6
13. 帅四平五　卒4平5
14. 帅五平六　前卒平4
15. 帅六平五　将5平6
16. 车八进一　将6进1
17. 兵二平三　卒4平5
18. 帅五平六　士6退5
19. 兵三进一　将6进1
20. 车八退二　士5进4
21. 车八平六　（红胜）

第 350 局　管仲随马

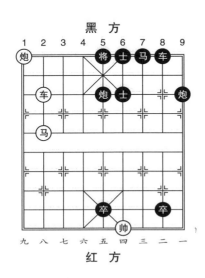

1.	车八进二	将5进1
2.	车八退一	将5退1
3.	马八进七	炮5平4
4.	马七进八	炮4退2
5.	马八退六	将5进1
6.	马六退八	将5进1
7.	炮九退二	炮4进2
8.	马八退六	炮4退2
9.	车八退一	炮4进2
10.	车八平六	将5退1
11.	车六平四	将5平4
12.	车四平六	将4平5
13.	车六平一	将5平4
14.	车一平六	将4平5
15.	车六平三	将5平4
16.	马六进八	将4退1
17.	炮九进二	士6进5
18.	马八进七	将4进1
19.	车三平八	卒5平6
20.	帅四平五	卒6进1
21.	帅五平四	士5退6
22.	车八平六	（红胜）

赏析

管仲，春秋时期，齐国齐桓公的相国。随，跟随。管仲随马，齐桓公率兵攻打山戎，齐军在旱海沙漠迷路，齐桓公采纳管仲的建议，挑选几匹漠北的老马给齐军带路，老马识途，齐军终于走出了沙漠。管仲跟随着马走，比喻尊重前人的经验。本局红方车杀尽黑双炮，最终以车、马、炮联攻，取胜。

第351局　老而不倦

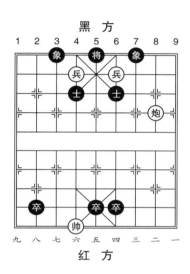

老而不倦，南北朝时期，北齐颜之推的《颜氏家训·勉学篇》介绍，曹操、袁遗老而更加专心致志，这都是从小学习，到老年仍然不厌倦。本局红方平炮中路，取胜。

（一）

1. 炮二平四　士6退5
2. 炮四平五　士5进6
3. 兵六平五　将5平4
4. 兵四进一　士6退5
5. 兵四平五　将4进1
6. 炮五平六　（红胜）

（二）

1. 炮二平四　士4退5
2. 炮四平五　士5进4
3. 兵六平五　将5平4
4. 兵四进一　卒5进1
5. 帅六进一　卒6平5
6. 帅六进一　士6退5
7. 兵四平五　将4进1
8. 炮五平六　（红胜）

注：变化（一）为原谱。变化（二）为黑方选择最顽强的防守，而红帅不离六路线，可按原谱取胜。

第 352 局　徐母回车

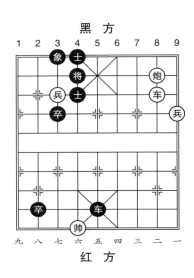

(一)

1. 车二退六　车5平8
2. 帅六平五　车8退7
3. 兵七进一　（红胜）

(二)

1. 车二退六　车5退6
2. 车二平八　将4平5
3. 车八平三　车5进7
4. 帅六进一　车5退5
5. 车三进一　车5进4
6. 帅六退一　车5退4
7. 车三平六　车5平9
8. 车六进五　将5平6
9. 车六进一　士4进5
10. 炮二平五　车9平5
11. 炮五退二　将6退1
12. 车六进一　将6进1
13. 车六退三　象3进5
14. 炮五平七　车5平6
15. 兵七进一　（红胜）

赏析

徐母，三国时期，刘备的军师徐庶的母亲，曹操俘获徐母，关押在许昌，要挟徐庶为其出谋划策，当徐母得知徐庶弃明投暗，辞别刘备，为曹操效力时，自缢而亡。由此，徐庶进曹营，一言不发。回，掉转。本局红方回车献车，取胜。

第 353 局 虎夺三穴

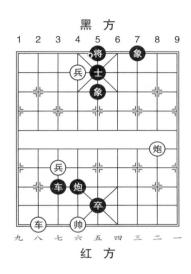

赏析

三穴，三窟，原指兔子有三个洞穴，现指多种图安避祸的方法。本局红方平炮打车，取胜。

（一）

1. 炮二平七　　车3退1
2. 车八进九　　士5退4
3. 炮七进五　　士4进5
4. 炮七退二　　士5退4
5. 兵六进一　　将5平6
6. 兵六平五　　将6进1
7. 车八退一　　炮4退6
8. 车八平六　　（红胜）

（二）

1. 炮二平七　　车3退1
2. 车八进九　　士5退4
3. 炮七进五　　士4进5
4. 炮七退二　　士5退4
5. 兵六进一　　将5进1
6. 车八退一　　炮4退6
7. 车八平六　　（红胜）

第354局 一虎下山（甲）

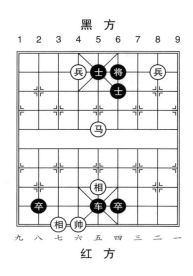

 赏析

一虎下山，来势凶猛。本局红方进兵士角，引离黑中士，而后，马跳到八角马的位置，控制黑将，最终由三路兵绝杀取胜。

1. 兵二平三　将6退1
2. 兵六进一　士5退4
3. 马五进六　士6退5
4. 兵三平四　（红胜）

第 355 局　猛虎驱羊

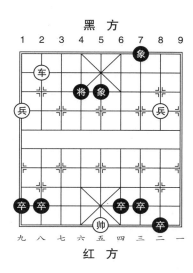

赏析

驱，驱逐，驱赶。本局红方车牵制住黑卒，红帅进一，摆脱威胁，最终以双兵取胜。

（一）

1. 车八退二　将4退1
2. 车八平六　将4平5
3. 车六退五　卒8平7
4. 帅五平六　前卒平6
5. 车六进七　将5退1
6. 帅六进一　象7进9
7. 帅六进一　象5退7
8. 车六退四　象7进5
9. 车六进五　将5进1
10. 帅六平五　卒2平3
11. 车六平一　象9退7
12. 车一平三　将5平6
13. 车三退一　将6退1
14. 车三退一　将6进1
15. 车三平五　卒3平4
16. 车五退四　卒4平5
17. 车五平四　（红胜）

（二）

1. 车八退二　将4退1
2. 车八平六　将4平5
3. 车六退五　卒2进1
4. 车六平九　卒2平3
5. 车九平七　卒8平7
6. 车七退一　前卒平6
7. 帅五平六　后卒平5
8. 车七进八　将5退1
9. 车七平四　卒6平5
（黑胜）

（三）

1. 车八退二　将4退1

2. 车八平六　将4平5
3. 车六退五　卒2进1
4. 车六平七　卒1平2
5. 车七进七　将5退1
6. 车七平三　卒7进1
7. 车三进一　将5进1
8. 车三退一　将5退1
9. 车三平八　前卒平3
10. 车八退七　卒7平6
　　　　　　（黑胜）

（四）

1. 车八退二　将4退1

2. 车八平六　将4平5
3. 车六平三　卒7进1
4. 车三进二　将5退1
5. 车三进一　将5进1
6. 车三退一　将5退1
7. 车三退七　卒6平7
8. 帅五进一　（红胜）

注：变化（一）为原谱，红胜，有误，参见变化（二）～（三）。变化（二）～（三）为第3回合，黑方选择最佳的防守，卒2进1，黑胜。变化（四）为第3回合，红方选择最佳的变化，车六平三，红方提前变招，红胜。

第356局　首动尾应

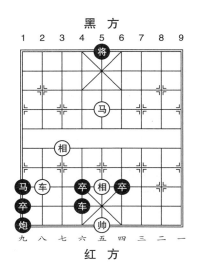

 赏析

首尾，比喻相呼应。本局红方车平右路，以车、马取胜。

（一）

1. 车八进七　将5进1
2. 马五进七　将5平6
3. 车八退四　将6退1
4. 车八平四　将6平5
5. 车四平二　将5平6
6. 马七退五　将6平5

7. 马五进三　将5平4
8. 车二平六　将4平5
9. 车六平四　将5平4
10. 车四进四　将4进1
11. 马三退五　将4平5
12. 马五进七　将5进1
13. 车四平五　将5平4
14. 马七退六　将4退1
15. 马六进五　将4平5
16. 马五进四　车4平5
17. 帅五进一　将4退1
18. 相五进三　卒6进1
19. 帅五平四　卒4进1
20. 车五退八　将4退1
21. 车五平六　将4平5
22. 车六平五　将5平4
23. 马四退五　将4进1
24. 马五退七　将4退1
25. 车五进七　马1退3
26. 马七进八　（红胜）

（二）

1. <u>车八进七　将5进1</u>
2. 马五进七　将5平6
3. 车八退四　将6退1
4. 车八平四　将6平5
5. 车四平二　将5平6
6. 马七退五　将6平5
7. 马五进三　将5平4
8. 车二平六　将4平5
9. 车六平四　将5平4
10. 车四进四　将4进1
11. 马三退五　将4平5
12. 马五进七　将5进1
13. 车四平五　将5平4
14. 马七退六　将4退1
15. 马六进五　马1退2
16. 马五进四　车4平5
17. 帅五进一　卒4进1
18. 帅五退一　卒4进1
19. 帅五进一　马2进3
（黑胜）

（三）

1. <u>车八进七　将5进1</u>
2. 马五进七　将5平6
3. 车八退三　将6退1
4. 车八平四　将6平5
5. 车四平二　将5平6
6. 马七退五　将6平5
7. 马五进三　将5平4
8. 车二平六　将4平5
9. 车六平四　将5平4
10. 车四进三　将4进1
11. 马三退五　将4平5
12. 马五进七　将5进1
13. 车四平一　将5平4
14. 马七退六　将4退1
15. 车一退一　将4退1
16. 马六进七　将4平5
17. 车一进一　（红胜）

381

注：变化（一）为原谱。变化（二）为变化（一）在第 15 回合，黑方选择最佳的防守，马 1 退 2，黑胜。变化（三）为第 13 回合，红方选择最佳的变化，车四平一，更加简洁、高效，红胜。

第 357 局 引雏入巢

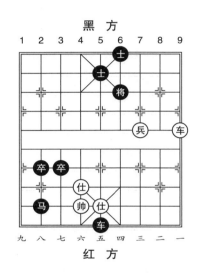

雏，幼小的鸟，生下不久的。巢，鸟搭的窝，高筑在树上，用于下蛋孵蛋的鸟窝。本局红方车破士，以车、兵取胜。

（一）

1. 兵三进一　将 6 平 5
2. 兵三平四　士 5 进 6
3. 车一平五　将 5 平 4
4. 兵四进一　将 4 退 1
5. 兵四平五　将 4 退 1
6. 车五平六　将 4 平 5
7. 车六平八　将 5 平 4
8. 兵五平六　将 4 平 5
9. 兵六进一　车 5 退 1
10. 仕六退五　士 6 进 5
11. 车八进四　士 5 退 4
12. 车八平六　（红胜）

（二）

1. 兵三进一　将 6 平 5
2. 兵三平四　士 5 进 6
3. 车一平五　将 5 平 4
4. 兵四进一　将 4 退 1
5. 兵四平五　将 4 退 1
6. 车五平六　将 4 平 5
7. 车六平八　士 6 进 5
8. 车八进三　士 5 退 4
9. 车八平三　车 5 平 7
10. 车三退八　士 4 进 5
11. 车三进八　士 5 退 6

12. 车三平九　　将5平4
13. 兵五平六　　将4平5
14. 兵六进一　　士6进5

15. 车九进一　　士5退4
16. 车九平六　　（红胜）

第358局　四海一家

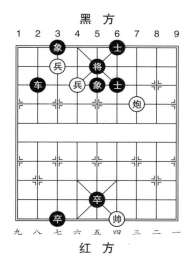

 赏析

四海，四邻各族（九夷、八狄、七戎、六蛮）居住的区域，海内，即中国，四海之外，更有四荒、四极。一家，不分彼此，亲如一家人。本局红方炮、双兵联攻，取胜。

（一）

1. 炮三平五　　象5进3

2. 兵七平六　　将5平6
3. 后兵平五　　车2平5
4. 兵六平五　　士6进5
5. 炮五平四　　（红胜）

（二）

1. 炮三平五　　象5进3
2. 兵七平六　　将5退1
3. 后兵平五　　士6进5
4. 兵五进一　　将5平6
5. 兵六进一　　卒5进1
6. 帅四进一　　车2进6
7. 帅四进一　　车2退1
8. 帅四退一　　车2平6
9. 帅四进一　　象3进5
10. 兵六平五　　（红胜）

（三）

1. 炮三平五　　将5平6
2. 兵七平六　　卒5进1
3. 帅四进一　　车2进6
4. 帅四进一　　车2退1
5. 帅四退一　　车2退4

6. 后兵平五　士6进5
7. 兵六平五　将6退1
8. 后兵平四　车2进5

9. 炮五退五　车2平5
10. 帅四平五　卒3平4
11. 兵五进一　（红胜）

第359局　涂廪浚井

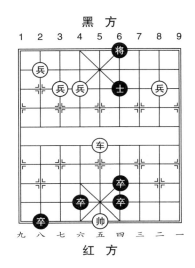

1. 车五进五　将6进1
2. 兵二平三　前卒进1
3. 帅五平四　士6退5
4. 兵三进一　将6进1
5. 帅四平五　卒6平5
6. 兵六平五　将6平5
7. 帅五平四　卒4平5
8. 车五平二　后卒平6
9. 车二退二　士5进6
10. 兵七平六　将5退1
11. 兵三平四　将5平6
12. 车二退六　卒6进1
13. 车二平四　卒5平6
14. 帅四进一　将6平5
15. 兵八平七　将5退1
16. 兵七平六　士6退5
17. 帅四平五　卒2平3
18. 前兵平五　将5平6
19. 兵六进一　卒3平4
20. 兵六进一　卒4平3
21. 兵六平五　（红胜）

赏析

涂廪，修补粮仓。浚，疏通，挖深。《后汉书·寇荣传》：故大舜不避涂廪浚井之难，申生不辞姬氏谗邪之谤。本局红方先后弃双兵、车，最终以双兵取胜。

第 360 局　弘羊心计

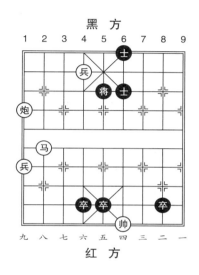

心计，计算，计算的才能。弘羊心计，指桑弘羊13岁时，因为精于心算入侍宫中。本局红方弃炮回打黑中卒，而后回马踏去另一黑卒，最终以马、兵取胜。

1. 马八进七　将5平4
2. 马七进八　将4平5
3. 炮九进三　士6退5
4. 炮九平五　士5退4
5. 马八退七　将5平4
6. 兵六平五　士6进5
7. 炮五退八　卒4平5
8. 马七退五　将4平5
9. 马五退六　卒5平4
10. 马六退四　卒4平5
11. 马四退二　（红胜）

赏析

弘羊，桑弘羊，西汉时期的政治家、理财家，在汉武帝的支持下，推行盐铁官营、均输、平准等经济政策。

第 361 局 视死如归

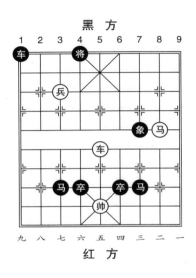

 赏析

视死如归，把死看得像回家一样平常，形容不怕牺牲生命。本局红方弃车，以马、兵取胜。

1. 车五进五　将4进1
2. 兵七进一　将4进1
3. 车五退二　象7退5
4. 马二进四　（红胜）

第 362 局　拔本塞源

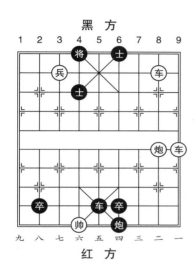

本，树根。源，水的源头。拔本塞源，拔掉树根，塞住水的源头，比喻从根本上解决问题。本局红方车平中取胜。

（一）

1. 车二平五　士6进5
2. 车一进五　士5退6
3. 炮二进五　士6进5
4. 炮二退八　士5退6
5. 炮二平五　将4平5
6. 帅六平五　炮6平7
7. 炮五进四　卒2平3
8. 车一退三　卒3平4
9. 车一平五　将5平4
10. 炮五平六　士4退5
11. 车五平六　将4平5
12. 炮六平五　（红胜）

（二）

1. 兵七平六　将4平5
2. 炮二平五　车5退3
3. 车一平五　士4退5
4. 兵六进一　（红胜）

注：变化（一）为原谱。变化（二）更加简洁、高效。

第 363 局　从容中道

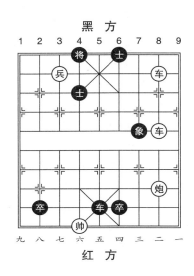

道，中庸之道，至善、至诚，是圣人所要达到的最高境界。本局红方车平中，占据花心，取胜。

1. 前车平五　车5退7
2. 兵七平六　车5平4
3. 炮二平六　卒6平5
4. 车二退四　将4平5
5. 炮六进六　卒5进1
6. 帅六进一　将5进1
7. 炮六平九　将5退1
8. 帅六进一　象7退5
9. 车二平八　士6进5
10. 车八进八　士5退4
11. 炮九进一　（红胜）

 赏析

从容，处事不慌张，很镇定。中

第364局　举直错枉

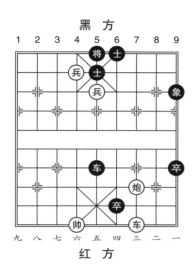

赏析

举，选拔。直，正直，指正直的人。错通措，废弃，放弃。枉，弯曲，比喻邪恶的人。举直错枉，启用正直贤良，罢黜奸邪佞人。本局黑方车、卒胜红方单车。

（一）

1. 炮三进七　象9退7
2. 兵五进一　士6进5
3. 车三进八　（红胜）

（二）

1. 炮三进七　象9退7
2. 兵五进一　士6进5
3. 车三进八　车5平4
4. 帅六平五　象7进5
5. 车三平五　将5平6
6. 兵六进一　车4退6
7. 车五退一　车4进1
8. 车五进二　将6进1
9. 车五退六　车4进1
10. 车五平一　车4平5
11. 帅五平六　卒6平5
12. 车一平六　车5平3
13. 车六平四　将6平5
14. 车四平五　将5平6
15. 车五退二　车3进7
16. 帅六进一　车3退1
17. 帅六退一　车3平5

（黑胜）

注：变化（一）为原谱，至第3回合，车三进八，红胜，有误，参见变化（二）。变化（二）黑方选择最佳的变化，黑胜。第10回合，黑车4平5，兑车，双卒胜定。

第365局 以恩塞责

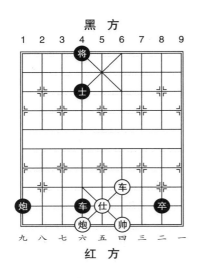

 赏析

　　塞责，做事不认真，敷衍了事，现指抵偿过失，抵罪。本局红方弃车，以炮取胜。

1. 车四进七　将4进1
2. 车四退二　将4平5
3. 车四平五　将5进1
4. 炮六平五　（红胜）

第 366 局　少见相拘

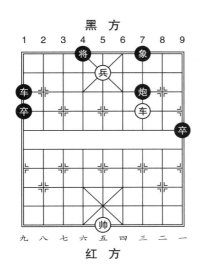

拘，说话、做事过分谨慎小心，显得很拘束。本局红方用帅牵住黑炮，以车、兵取胜。

1. 车三平六　炮7平4
2. 车六退六　卒1进1
3. 帅五进一　卒1进1
4. 帅五平六　卒1进1
5. 车六平八　卒1平2
6. 车八进三　车1进6
7. 帅六退一　车1进1
8. 帅六进一　车1退9
9. 车八进五　车1进8
10. 帅六退一　车1进1
11. 帅六进一　象7进5
12. 车八平六　（红胜）

第367局 四门斗底

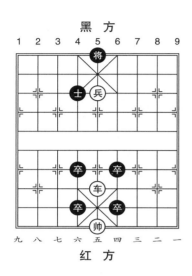

 赏析

四门斗底，又名四门兜底阵，十种阵型之一，攻打一字长蛇阵的头或尾，另一头转过来，形成二龙出水阵，中间向前，形成天地三才阵，两头回撤，形成四门兜底阵。本局红方以车、兵破士，取胜。

（一）

1. 车五平二　前卒4平5
2. 帅五平六　将5平6
3. 车二进七　将6进1
4. 车二退六　后卒平5
5. 车二进四　将6退1
6. 兵五平四　将6平5
7. 兵四进一　将5平4
8. 车二平六　将4平5
9. 车六进一　前卒平4
10. 帅六平五　卒6平5
11. 帅五平四　前卒5进1
12. 帅四平五　前卒平5
13. 帅五平四　前卒平6
14. 帅四进一　卒5平6
15. 兵四平五　将5平6
16. 车六进一　（红胜）

（二）

1. 车五平二　将5平4
2. 车二进七　将4进1
3. 车二退一　将4退1
4. 兵五平六　前卒4平5
5. 帅五平六　将4平5
6. 兵六平五　卒5平4
7. 帅六平五　前卒6平5
8. 帅五平四　将5平6
9. 兵五进一　卒5平6
10. 帅四平五　前卒4平5

11. 帅五平六　卒 5 进 1
12. 帅六平五　前卒进 1
13. 帅五进一　卒 4 平 5
14. 车二进一　（红胜）

第 368 局　兔游月窟

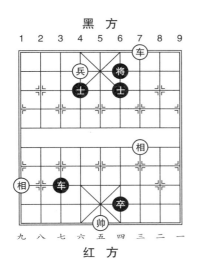

赏析

月窟，传说月亮的归宿处，也指月宫、月亮。本局红方运用老兵搜山杀法，取胜。

1. 车三退一　将 6 退 1
2. 兵六进一　士 6 退 5
3. 兵六平五　将 6 平 5
4. 车三进一　（红胜）

第369局 时堪乘便

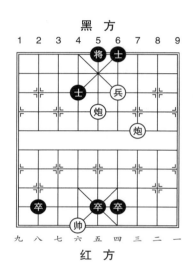

 **赏析**

时，时机，机会。堪，能够，可以。乘便，乘机，乘势。本局红方以双炮、兵取胜。

1. 兵四进一　将5平4
2. 炮三进四　将4进1
3. 炮五平二　卒2平3
4. 炮三退一　将4退1
5. 炮二进三　士6进5
6. 兵四进一　（红胜）

第370局　五老降庭

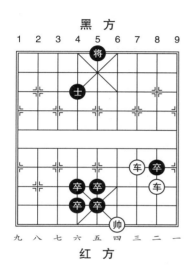

北方洞阴朔单郁绝五灵玄老君（简称五灵玄老黑帝君）。降，降服。庭，少数民族所辖区域或居住所在，也指边疆边远地区。本局红方第6回合前，暂不吃卒。取胜。

1. 车三平五　　将5平4
2. 车二退一　　卒8进1
3. 车二平一　　卒8平7
4. 车一进八　　将4进1
5. 车五平三　　士4退5
6. 车一退一　　前卒5平6
7. 帅四进一　　卒7进1
8. 车三退二　　前卒平5
9. 帅四退一　　卒4进1
10. 车三进二　　将4退1
11. 车一平五　　前卒进1
12. 帅四平五　　卒5进1
13. 帅五平四　　卒5进1
14. 帅四平五　　卒4进1
15. 帅五进一　　卒4平3
16. 车三平六　　（红胜）

五老，神话传说中的五星之精，又名五老君，是早期道教尊奉的五位天神，分别是东方安宝华林青灵始老君（简称青灵始老苍帝君）、南方梵宝昌阳丹灵真老君（简称丹灵真老赤帝君）、中央玉宝元灵元老君（简称元灵元老黄帝君）、西方七宝金门皓灵皇老君（简称皓灵皇老白帝君）、

第371局　兵入其腹

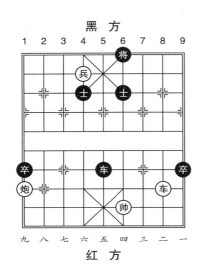

 赏析

腹，比喻中央部分。本局红方炮占据中路，弃炮后，以车、兵取胜。

（一）

1. 车二进七　将6进1
2. 炮九平四　士6退5
3. 车二退四　将6退1
4. 车二平四　将6平5
5. 炮四平五　车5进1
6. 车四平八　士5退4
7. 车八平二　士4退5
8. 车二进四　士5退6
9. 车二平四　（红胜）

（二）

1. 车二进七　将6进1
2. 炮九平四　士6退5
3. 车二退四　将6进1
4. 车二平四　将6平5
5. 炮四平七　车5平3
6. 车四平五　（红胜）

第 372 局　兵势无常

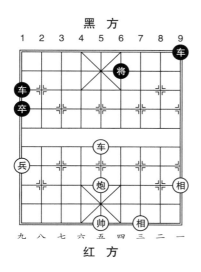

 赏析

兵势无常，春秋时期，孙武的《孙子兵法》提到兵无常势，水无常形，用兵需要避实就虚。本局红方炮打黑车后，以车、炮、兵取胜。

1. 炮五平四　车9进2
2. 车五平四　车9平6
3. 帅五平四　车1平5
4. 炮四进五　将6平5
5. 炮四进二　将5退1
6. 炮四平三　（红胜）

第 373 局　四面设网

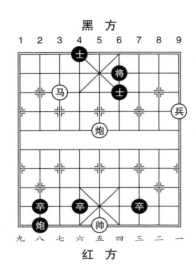

1. 炮五平七　炮2平4
2. 马七退五　将6退1
3. 马五进三　将6进1
4. 炮七进四　士6退5
5. 马三退五　将6进1
6. 马五退三　将6退1
7. 马三进二　将6进1
8. 炮七退一　士5退6
9. 炮七平一　卒4平5
10. 帅五进一　卒7平6
11. 帅五进一　炮4平7
12. 炮一退一　炮7退7
13. 炮一平三　卒2平3
14. 炮三进一　卒3平4
15. 炮三平一　卒4平5
16. 炮一退一　（红胜）

设网，布网，张网。本局红方运马、炮至右翼，以马后炮取胜。

第 374 局　托孤寄命

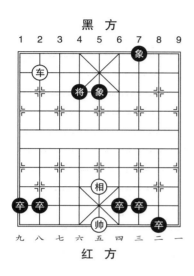

1. 车八退二　将4退1
2. 车八平六　将4平5
3. 车六退五　卒8平7
4. 帅五平六　前卒平6
5. 车六进七　将5退1
6. 帅六进一　卒2平3
7. 帅六进一　卒1平2
8. 车六进一　将5进1
9. 相五进七　前卒平7
10. 帅六平五　象7进9
11. 车六平一　象9进7
12. 车一退三　将5退1
13. 车一平五　将5平4
14. 车五退一　前卒平8
15. 车五平六　将4平5
16. 车六平三　将5进1
17. 车三进三　将5退1
18. 车三退一　将5进1
19. 车三平五　将5平6
20. 车五退四　卒3平4
21. 车五平四　（红胜）

 赏析

托孤寄命，临终前，将孤儿及重要的事情相托。历史上有名的典故当属白帝城托孤。三国时期，刘备征讨东吴、夷陵之战大败后，在白帝城病危，将诸葛亮招到白帝城，将后主刘禅连同蜀汉江山，一同托付给诸葛亮照管。本局红方帅上山顶，转危为安，车破双象，取胜。

第 375 局 勒兵为备

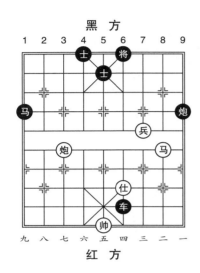

1. 炮七进五	将6进1
2. 马二进三	将6进1
3. 炮七退一	士5进4
4. 炮七平一	车6平8
5. 兵三平四	车8进1
6. 帅五进一	车8平7
7. 马三进二	车7退8
8. 兵四进一	将6退1
9. 炮一平三	炮9平7
10. 马二退三	将6退1
11. 马三进二	士4进5
12. 炮三退二	将6平5
13. 炮三平九	将5平4
14. 炮九平六	将4平5
15. 帅五退一	（红胜）

 **赏析**

勒兵，治军，操练或指挥军队，也有陈兵的意思。备，具备，完备，齐全。本局红方以高钓马与炮、兵联攻，取胜。

第376局 伏兵要路

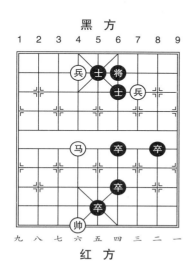

 赏析

伏兵，埋伏下来伺机攻击敌人的军队。要路，重要的道路，主要的通道。本局红方以双兵控制黑将的活动，最终以卧槽马将军，取胜。

1. 兵三进一　将6退1
2. 兵三进一　将6平5
3. 马六进四　前卒进1
4. 马四进二　前卒进1
5. 马二进三　（红胜）

卷五

第 377 局 筑坛拜将

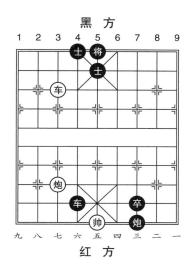

用的高台，通常以土和石筑成。拜，授予官职，任命。筑坛拜将，指楚汉相争时，刘邦筑坛拜韩信为大将军，而后有明修栈道，暗度陈仓，兵出汉中，与项羽逐鹿天下。现指仰仗贤能。本局红方平车右翼，以车、炮联攻，取胜。

1. 车七平二　将5平6
2. 炮七进六　车4退7
3. 车二进二　将6进1
4. 车二退一　将6进1
5. 车二退四　将6退1
6. 车二平四　（红胜）

 赏析

坛，古代举行祭祀、誓师等大典

第378局 诸葛出庐

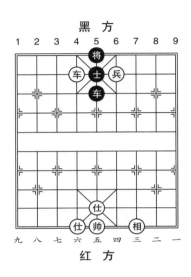

（一）

1. 相三进五　车5进5
2. 车六平八　士5退4
3. 帅五平四　车5平6
4. 仕五进四　士4进5
5. 车八平五　将5平4
6. 帅四平五　（红胜）

（二）

1. 相三进五　车5进4
2. 仕五退四　士5进6
3. 仕六进五　车5平2
4. 帅五平六　车2进3
5. 帅六进一　车2退9
6. 车六退二　士6退5
7. 车六平三　士5退6
8. 车三平五　士6进5
9. 车五进二　（红胜）

注：变化（一）为原谱。变化（二）为第1回合，黑方选择最顽强的防守，车5进4。

赏析

诸葛，诸葛亮，三国时期蜀汉丞相，辅佐刘备建立蜀汉政权。三请诸葛，即三顾茅庐，东汉末年，军阀混战，刘备曾三次到南阳卧龙岗访请诸葛亮出山共事。诸葛亮的《出师表》：先帝不以臣卑鄙，猥自枉屈，三顾臣于草庐之中。本局红方上相，弃子吸引，将黑车引致不能迎头照将的不利位置。最终以车、兵取胜。

第 379 局　二马追风

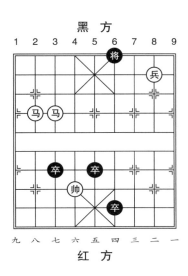

赏析

追风，形容马行之速。本局红方双马、兵取胜。

（一）

1. 马七进六　将6进1
2. 马八进六　将6平5
3. 后马退四　将5进1
4. 马六进四　将5平6
5. 兵二平三　卒3平4
6. 帅六退一　卒5进1
7. 后马退三　卒4进1
8. 帅六退一　卒5进1
9. 马三进二　（红胜）

（二）

1. 马七进六　将6平5
2. 马六退五　卒6平5
3. 马八进七　将5进1
4. 马五进三　将5平6
5. 兵二平三　将6退1
6. 兵三进一　将6进1
7. 马三退五　将6平5
8. 马七退六　将5进1

（黑胜）

（三）

1. 马七退八　将6平5
2. 前马进七　将5进1
3. 帅六退一　卒5进1
4. 马七退六　将5平4
5. 马八进七　将4退1
6. 马七进八　将4进1
7. 帅六退一　卒5进1
8. 马八退七　将4退1
9. 兵二平三　卒6进1
10. 马七进八　将4进1

11. 马八退七　将4退1
12. 马七进八　将4进1
13. 马八退七　将4退1
14. 马七进八　将4进1
15. 马八退七　将4退1
（黑胜）

注：变化（一）为原谱，红胜。有误，参见变化（二）。变化（二）为第1回合，黑方选择最顽强的防守，将6平5，黑胜。变化（三）为《中国象棋谱大全》中的注释，仅有第1回合，红马七退八，可和棋。经象棋巫师软件演算，黑胜。个别单行本更改了原图，原图上增加了红九·三相，将红二·九兵改在二·十底线，方可顺利成杀。

第380局　退无所归

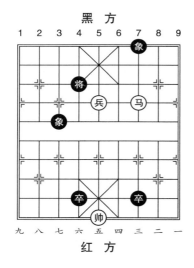

回到本处。本局红方马、兵分别塞住黑象象眼，红帅控制中路，四路马控制黑将上下活动，最终进六路兵绝杀取胜。

1. 兵五平六　将4退1
2. 马三进四　卒4进1
3. 帅五进一　卒7平6
4. 帅五进一　卒4平5
5. 兵六进一　（红胜）

赏析

归，旧时指女子出嫁，现指返回，

第381局 举鼎争功

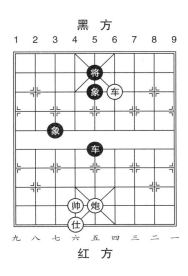

 赏析

鼎，最重要的青铜器，古代用以烹煮肉和盛贮肉类的器具，一直是最常见、最神秘的礼器，被视为传国重器，国家权力的象征。举鼎意味着窥视国家最高权力。战国时期，秦武王举鼎绝膑而亡；秦末汉初，楚霸王项羽也曾举鼎。争功，争夺功利和功劳。本局红方车、炮、仕巧胜车、双象。

（一）

1. 帅六进一　车 5 进 1
2. 炮五进一　车 5 退 1
3. 仕六进五　车 5 进 1
4. 仕五进四　车 5 退 1
5. 炮五退一　车 5 进 1
6. 车四退二　象 3 退 1
7. 车四平九　象 1 退 3
8. 车九平七　将 5 平 6
9. 车七进三　将 6 退 1
10. 车七平五　（红胜）

（二）

1. 帅六进一　车 5 进 1
2. 炮五进一　车 5 退 1
3. 仕六进五　车 5 进 1
4. 仕五进四　车 5 退 1
5. 炮五退一　车 5 进 1
6. 车四退二　象 3 退 1
7. 车四平九　象 1 退 3
8. 车九平七　将 5 平 6
9. 车七进三　将 6 退 1
10. 车七平五　车 5 平 4
11. 帅六平五　车 4 进 2
（和局）

（三）

1. 帅六进一　车 5 退 2

2. 车四退四　将5退1
3. 炮五进二　将5进1
4. 仕六进五　将5退1
5. 帅六退一　将5进1
6. 帅六退一　将5退1
7. 仕五进六　将5平4
8. 炮五退二　车5进4
9. 车四平六　将4平5
10. 帅六平五　将5平6
11. 车六平四　将6平5
12. 帅五平四　将5平4
13. 车四平六　将4平5
14. 帅四进一　象3退1
15. 车六进二　象1退3
16. 车六进二　将5进1
17. 车六进二　象3进1
18. 车六平九　象1进3
19. 车九退三　将5退1
20. 车九平七　将5平4
21. 车七平六　将4平5
22. 车六进一　将5进1
23. 车六退二　象3退1
24. 车六平九　象1退3
25. 车九平七　将5平4
26. 车七平六　将4平5

27. 车六进二　将5退1
28. 车六平七　将5平4
29. 炮五平六　将4平5
30. 炮六平八　车5平4
31. 炮八进八　象3进1
32. 车七平五　将5平4
33. 帅四平五　象1进3
34. 车五进二　将4进1
35. 炮八平六　车4平7
36. 车五退四　象3退5
37. 车五进二　车7退6
38. 炮六平八　车7平8
39. 车五退二　将4退1
40. 炮八退八　车8平7
41. 炮八平六　车7平8
42. 车五平六　车8平4
43. 炮六进七　（红胜）

注：变化（一）为原谱，红胜，有误，参见变化（二）。变化（二）为第10回合，黑方选择最佳的防守，车5平4，先将军，再车4进2，跟住红炮，红方无法取胜，和局。变化（三）为全国冠军、特级大师、魔叔杨官璘破解的千古迷局。

第 382 局　胡爽扣马

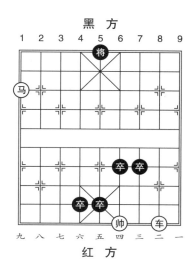

胡爽,东汉汉桓帝时期,南郡主簿。汉延熹三年,武陵蛮反叛,围攻南郡,南郡太守准备弃城逃命,胡爽扣马劝谏,惨遭杀害。扣马,拉住马,不使前进,有直谏的意思。本局红方需要防备黑卒进攻,最终以车、马取胜。

（一）

1. 车二进二　（红胜）

（二）

1. 车二进二　卒5进1
2. 帅四进一　卒4平5
   （黑胜）

（三）

1. 马九进七　将5平6
2. 车二进四　将6进1
3. 马七进五　将6平5
4. 车二平五　将5平6
5. 马五退六　将6进1
6. 车五进四　卒5平6
7. 帅四平五　卒4平5
8. 帅五平六　卒5进1
9. 帅六平五　前卒进1
10. 帅五平四　卒7平8
11. 马六退五　（红胜）

（四）

1. 马九进七　将5平4
2. 车二进四　将4进1
3. 马七退六　将4进1
4. 马六进八　将4平5
5. 车二平五　将5平6
6. 马八退六　将6退1

411

7. 车五平四　（红胜）

注：变化（一）为原谱，原谱只有第 1 回合，车二进二，红胜。有误，参见变化（二）。变化（二）为第 1 回合，黑方选择最佳的防守，卒 5 进 1，黑胜。变化（三）～（四）第 1 回合，红方选择最佳的变化，马九进七，红胜。

第 383 局　剪棘开径

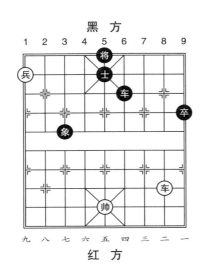

棘，棘树多刺，是矮小而成丛莽的灌木，丛生的小枣树。径，陡直的山路，狭窄的道路。本局红方车吃边卒，守和。

1. 车二进七　　车 6 退 2
2. 车二退三　　车 6 进 2
3. 车二平一　　车 6 平 5
4. 帅五平四　　士 5 退 6
5. 车一平四　　士 6 进 5
6. 车四平一　　士 5 退 6
7. 车一平四　　士 6 进 5
（和局）

注：原谱至第 2 回合，车二退三，红胜。此局红胜不成立，黑方单车、士、象仍可守和红车、低兵。黑方一杀一闲，双方不变作和。

第384局　投肉饲虎

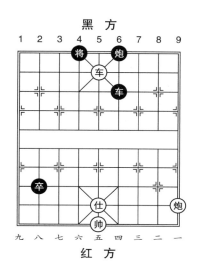

赏析

投肉饲虎，如同肉包子打狗，有去无回。本局红方第1回合，仕五进六，暗伏炮一平六杀。黑车被迫阻拦红炮，后方空虚，红方有机可乘。第2回合，车五退三，暗伏红车迎头照将，黑车被红炮牵制，无法回援。第6回合，车五退一，重要的顿挫，如红车直接退四催杀，则黑车6退6，尚可防守。第7回合，车五退三，当黑车6退7，导致红车进四照将后，抽车。最终以车、炮取胜。

1. 仕五进六　车6进6
2. 车五退三　炮6进1
3. 炮一进七　炮6平3
4. 车五进四　将4进1
5. 炮一平七　卒2平3
6. 车五退一　将4退1
7. 车五退三　车6退7
8. 车五进四　将4进1
9. 炮七平四　卒3平4
10. 车五退四　卒4平5
11. 车五退三　将4进1
12. 车五平六　（红胜）

第 385 局　海底觅针

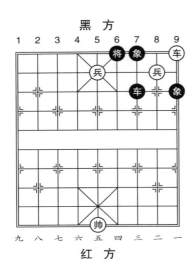

赏析

海底觅针，又名海底捞针，在茫茫大海找寻一根小小的针，比喻极难找到某个人、某件物，也可以形容一件几乎无法完成的任务。本局红方平边兵，出车投入战斗，取胜。

（一）

1. 车一平二　车7平5
2. 帅五平六　车5平7
3. 兵二平一　车7平5
4. 帅六进一　车5退1
5. 兵一平二　将6进1
6. 兵二平三　将6退1
7. 兵三进一　象9退7
8. 车二平三　将6进1
9. 车三退一　将6退1
10. 车三平五　（红胜）

（二）

1. 车一平二　车7平5
2. 帅五平六　车5平7
3. 兵二平一　车7平5
4. 帅六进一　车5退1
5. 兵一平二　车5进3
6. 车二平三　将6进1
7. 车三退一　将6进1
8. 车三退一　将6退1
9. 车三平一　将6平5
10. 车一平六　车5进1
11. 兵二平三　车5退1
12. 车六进一　将5进1
13. 兵三平四　将5平6
14. 车六平五　车5退3
15. 兵四平五　将6平5
16. 兵五平六　将5平6
17. 帅六平五　将6退1

18. 兵六平五　将6进1　　　　19. 帅五退一　（红胜）

第386局　戮力一心

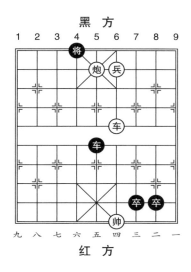

 赏析

戮力一心，齐心协力。本局红方炮沉底线，海底捞月杀，取胜。

〜（一）〜

1. 车四平六　将4平5
2. 车六平八　将5平4
3. 炮五进一　车5平4
4. 车八进四　将4进1
5. 帅四平五　车4平5
6. 帅五平四　车5平4
7. 帅四平五　车4平5
8. 帅五平四　卒7平6
9. 帅四进一　卒8平7
10. 帅四退一　车5平9
11. 帅四平五　车9平5
12. 帅五平四　车5平8
13. 帅四平五　车8平5
14. 帅五平四　车5平9
（红胜）

〜（二）〜

1. 车四平六　将4平5
2. 车六平八　将5平4
3. 炮五进一　车5平9
4. 车八平六　将4平5
5. 车六平五　将5平4
6. 帅四平五　车9进4
7. 帅五进一　卒7平6
8. 帅五平四　车9退8
9. 兵四平五　（红胜）

注：变化（一）为原谱，至第5回合，帅四平五，红胜。现补上余下的回合。变化（二）为第3回合，黑方选择的变化，车5平9。

第 387 局　运筹帷幄

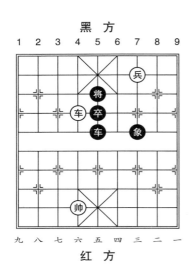

 赏析

筹，计谋，筹划。帷幄，古代军中帐幕。运筹帷幄，指制定作战策略，也泛指主持大局，考虑决策。本局黑车、中卒守和红车、底二线兵。

（一）

1. 车六进一　将5退1
2. 车六平四　车5平4
3. 帅六平五　将5平4
4. 兵三平四　卒5进1
5. 车四退二　象7退5
6. 车四进一　象5进3
7. 车四平七　卒5进1
8. 车七进二　将4进1
9. 车七进一　将4退1
10. 车七平五　车4进4
11. 帅五退一　车4进1
12. 帅五进一　卒5进1
13. 车五退一　将4进1
14. 车五退五　车4退1
15. 帅五退一　象3退5
16. 车五进四　将4退1
17. 兵四平五　将4退1
18. 车五平四　车4退2
19. 车四进二　（红胜）

（二）

1. 车六进一　将5退1
2. 车六平四　车5平4
3. 帅六平五　将5平4
4. 兵三平四　车4平5
5. 帅五平四　车5进1
6. 车四退四　将4进1
7. 车四平八　车5退1
8. 兵四平五　将4进5
9. 兵五平六　将5平4

10. 兵六平七　将4平5
11. 车八进四　将5退1
12. 车八平六　车5平6
13. 帅四平五　将5平6
14. 兵七平六　车6平5
15. 帅五平六　车5进1
16. 车六平三　车5退1
17. 车三进一　将6进1
18. 车三退二　车5进1
19. 车三退一　车5平1
20. 车三进一　车5平1
21. 兵六平五　将6平5
22. 兵五平四　车5平6
23. 兵四平三　将6平5
24. 车三进一　将5退1

25. 车三平四　车5平4
26. 帅六平五　将5平4
27. 兵三平四　车4平5
28. 帅五平四　车5进1
29. 车四平五　车5平6
30. 帅四平五　车6退5
31. 车五退一　车6进1
（和局）

注：变化（一）为原谱，红胜，有误。参见变化（二）。变化（二）为第4回合，黑方选择最佳的防守，车4平5，和局。黑中卒不动，黑棋可保持不败，守和的要点是黑车占中，黑将随红兵走，黑车上下两步走闲着。红方无法取胜，和局。

第 388 局　身无所措

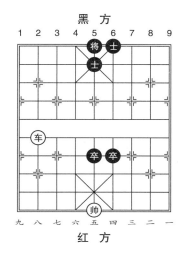

赏析

措，安放，安置，处置。本局红方车破双卒，取胜。

（一）

1. 车八平四　将5平4
2. 车四平六　将4平5
3. 帅五平六　卒6平7
4. 车六平八　士5退4

5. 车八平五　士4进5
6. 车五退一　卒7进1
7. 帅六平五　卒7平8
8. 车五平九　将5平4
9. 车九平六　将4平5
10. 车六退一　卒8进1
11. 车六退一　卒8进1
12. 帅五进一　卒8平7
13. 车六退一　卒7平8
14. 车六平二　将5平4
15. 车二平六　将4平5
16. 车六进七　（红胜）

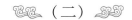（二）

1. 车八平四　卒6平7
2. 车四平六　卒7平6

3. 帅五平六　卒6进1
4. 车六平八　卒5平4
5. 车八退二　卒6进1
6. 帅六平五　卒4平5
7. 车八进七　士5退4
8. 车八退六　卒5进1
9. 车八平五　士4进5
10. 车五退一　卒6平7
11. 车五退一　卒7进1
12. 车五平六　卒7平8
13. 帅五进一　卒8平7
14. 车六退一　卒7平8
15. 车六平二　将5平4
16. 车二平六　将4平5
17. 车六进七　（红胜）

第 389 局　羸羊触角

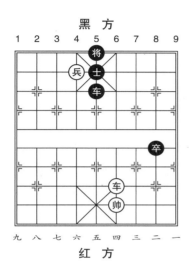

1. 车四进二　卒8进1
2. 车四退一　卒8进1
3. 车四平二　士5退6
4. 车二退一　车5进6
5. 帅四退一　车5退6
6. 车二平四　士6进5
7. 车四进六　士5进6
8. 车四平一　车5进7
9. 帅四进一　车5退1
10. 帅四退一　将5平6
11. 兵六平五　车5进1
12. 帅四平五　士6退5
13. 车一平五　（红胜）

注：不同版本的局名略有不同，原谱的局名为羸羊触虎，另有羸羊触角，据《易经》的记载，选羸羊触角。

赏析

羸，瘦弱。触角，以角抵撞藩篱。《易经·大壮》：羝羊触藩，羸其角。本局红方第4回合，车二退一，捉死卒。最终以车、兵取胜。

第 390 局 以兵服人

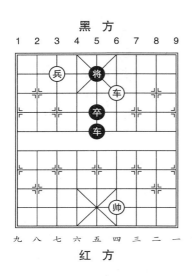

 赏析

兵，军事，武力，战争。服，信服，顺服。本局黑中卒不轻动，黑车兑车守和。

(一)

1. 车四平六　车5平6
2. 帅四平五　车6平3
3. 兵七平六　将5平6
4. 车六平二　车3平5
5. 帅五平六　车5平4
6. 帅六平五　卒5进1
7. 车二退二　将6进1
8. 兵六平五　将6平5
9. 兵五平四　将5平6
10. 车二平四　将6平5
11. 帅五平四　将5平4
12. 车四进二　将4退1
13. 车四平五　卒5进1
14. 兵四平五　将4退1
15. 车五平四　卒5进1
16. 车四进二　(红胜)

(二)

1. 车四平六　车5平6
2. 帅四平五　车6平3
3. 兵七平六　将5平6
4. 车六平二　车3平5
5. 帅五平六　车5平4
6. 帅六平五　车4平5
7. 帅五平六　车5进2
8. 车二退三　将6进1
9. 车二平四　将6平5
10. 车四平六　将5平6
11. 兵六平五　将6平5
12. 兵五平四　将5平6
13. 兵四平三　将6平5

14. 车六进三　将5退1
15. 车六平四　车5平4
16. 帅六平五　将5平4
17. 兵三平四　车4平5
18. 帅五平四　车5退1
19. 车四平五　车5平6
20. 帅四平五　车6退4
21. 车五退一　车6进1
22. 车五平六　车6平4
23. 车六进一　将4进1
（和局）

（三）

1. 车四平六　车5平6
2. 帅四平五　车6平3
3. 兵七平六　将5平6
4. 车六平二　车3平5
5. 帅五平六　车5平4

6. 帅六平五　车4进1
7. 车二退一　车4平5
8. 帅五平六　将6进1
9. 兵六平五　将6平5
10. 兵五平四　将5平6
11. 兵四平三　将6平5
12. 车二进一　将5退1
13. 车二平四　车5平4
14. 帅六平五　将5平4
15. 兵三平四　车4平5
16. 帅五平四　车5退1
（和局）

注：变化（一）为原谱，红胜。有误，参见变化（二）～（三）。变化（二）～（三），为第6回合，黑方选择最顽强的防守，车4平5或车4进1，和局。变化（三）更加简洁、高效。

第391局 驱虎离山

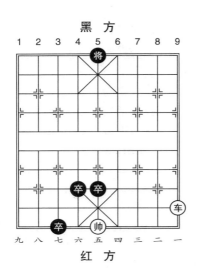

 **赏析**

驱虎离山，驱赶老虎离开原来的山岗，比喻驱赶对方离开原来有利的位置，常用的是调虎离山。本局红方车守和黑三卒。

（一）

1. 车一平七　卒3平2
2. 帅五平四　将5进1
3. 车七进三　将5退1
4. 车七平五　将5平4
5. 帅四平五　卒2平3
6. 车五平六　将4平5
7. 车六退二　卒5进1
8. 帅五平四　将5进1
9. 车六平五　将5平4
10. 车五退一　将4进1
11. 车五退一　将4退1
12. 车五平七　将4平5
13. 车七平七　将5平4
14. 车五进七　将4退1
15. 车五进一　（红胜）

（二）

1. 车一平七　将5平6
2. 车七平四　将6平5
3. 车四平七　将5平6
（和局）

（三）

1. 车一平七　将5平6
2. 车七退一　卒4进1
3. 车七进九　将6进1
4. 车七平五　卒5进1
5. 车五退八　卒4平5
6. 帅五进一　（和局）

（四）

1. 车一平七　卒3平2
2. 帅五平四　卒5平6
3. 车七进三　卒4平5
4. 车七平五　将5平4
5. 帅四平五　卒2平3
6. 车五进四　卒3平4
7. 帅五平四　卒4平3
8. 帅四平五　卒3平4
9. 帅五平四　（和局）

注：变化（一）为原谱，红胜。有误，参见变化（二）～（四）。变化（二）～（四）为第1回合，黑方选择最佳的防守，将5平6或卒3平2，和局。

第392局　倾身下士

车、士对红车、炮，和局。

（一）

1. 炮一平四　将6退1
2. 炮四平二　将6进1
3. 炮二平三　将6退1
4. 车五进五　车6退2
5. 炮三进五　（红胜）

（二）

1. 炮一平四　将6退1
2. 炮四平二　将6进1
3. 炮二平三　将6退1
4. 车五进五　车6退1
5. 帅五退一　将6进1
6. 炮三进七　车6退6
7. 车五进二　车6平7
8. 炮三平四　车7退1

赏析

倾身，身体向前倾，多形容对人谦卑恭顺。《后汉书·隗嚣公孙述列传》：嚣素谦恭爱士，倾身引接为布衣交。下士，屈身结交贤士。本局黑

9. 炮四平一　车7平9
10. 车五退三　将6退1
11. 车五进一　车9平5
12. 车五进一　士4退5
（和局）

5. 帅五退一　将6进1
6. 车五平六　车6退1
7. 炮三进五　车6平5
8. 帅五平六　将6平5
（和局）

注：变化（一）为原谱，红胜，有误，参见变化（二）～（三）。变化（二）～（三）为第4回合，黑方选择最佳的防守，车6退1，变化（二）兑死车，变化（三）黑将、车立中，和局。

（三）

1. 炮一平四　将6退1
2. 炮四平二　将6进1
3. 炮二平三　将6退1
4. 车五进五　车6退1

第393局　兵势尚强

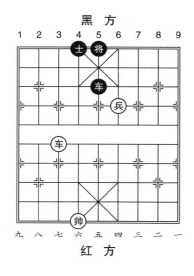

 赏析

兵势，军队的实力。本局黑方兑红车后，红单兵难胜黑单士。

（一）

1. 车七平六　（红胜）

（二）

1. 车七平六　士4进5
2. 车六进二　车5进3
3. 车六平八　士5退4
4. 车八平六　士4进5

5. 兵四平三　车 5 退 3
6. 帅六进一　车 5 平 4
7. 车六进一　士 5 进 4
8. 兵三平四　士 4 退 5
9. 兵四平五　将 5 平 6
10. 兵五进一　士 5 退 4
11. 兵五平四　士 4 进 5
12. 兵四平五　士 5 退 4
13. 帅六平五　将 6 进 1
14. 帅五退一　将 6 退 1
15. 兵五平四　士 4 进 5
16. 兵四平五　士 5 退 4
17. 帅五进一　将 6 进 1
（和局）

注：变化（一）为原谱，仅有第 1 回合，车七平六，红胜。有误，红方无仕、相，黑方可以守和，红胜不成立，参见变化（二）。变化（二）为黑方选择最佳的变化，和局。

第 394 局　地险兵强

局红方退车吃黑中卒，最终以车、兵胜单车。

1. 车六平一　车 5 平 8
2. 车一退三　车 8 进 6
3. 帅五退一　车 8 进 1
4. 帅五退一　车 8 进 1
5. 帅五进一　卒 5 进 1
6. 车一平四　将 6 平 5
7. 车四平五　将 5 平 6
8. 车五退一　车 8 平 6
9. 兵一进一　车 6 退 1
10. 帅五退一　车 6 退 5
11. 兵一平二　（红胜）

赏析

险，要隘，不易通过的地方。本

第 395 局　引兵渡河

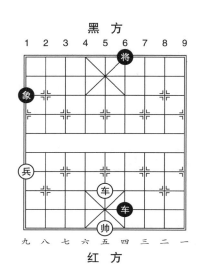

赏析

引兵，率领军队。本局红方兵渡河后，由于黑将、黑车占据中路，和局。

（一）

1. 兵九进一　（红胜）

（二）

1. 兵九进一　车6退6
2. 车五进三　象1退3
3. 车五进四　将6进1
4. 车五平七　车6平5
5. 帅五平六　将6平5
6. 车七平六　车5进2
7. 帅六进一　车5进4
8. 帅六退一　车5退4
（和局）

（三）

1. 兵九进一　车6退6
2. 兵九进一　象1进3
3. 车五平六　车6平5
4. 帅五平六　车5进1
5. 兵九平八　象3退1
6. 车六进五　将6平5
（和局）

（四）

1. 兵九进一　车6退6
2. 车五进四　象1退3
3. 车五平六　车6平5
4. 帅五平六　车5进2
5. 车六进三　将6进1
6. 车六平七　将6平5
7. 车七平六　车5进5
8. 帅六进一　车5退5
（和局）

注：变化（一）为原谱，第1回合，兵九进一，红胜。这里认为红方只要红兵渡河就可破象取胜，实属有误。因红兵离黑方九宫尚远，黑方足以应对。变化（二）～（四）为第2回合，红方选择的三种变化，黑方见招拆招，和局。

第396局　一兵取功

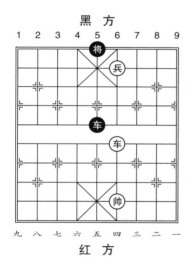

功，功业，功绩，功劳。本局红方第1回合，兵四平三，让开车路，

以退为进，最终以车、兵占据中路，取胜。

1. 兵四平三　车5进2
2. 车四进五　将5进1
3. 兵三平四　将5平4
4. 车四平八　车5退2
5. 车八退一　将4进1
6. 车八平五　车5平8
7. 帅四平五　车8进4
8. 帅五退一　车8进1
9. 帅五进一　车8退7
10. 车五退三　车8进6
11. 帅五退一　车8进1
12. 帅五进一　车8平4
13. 兵四平五　（红胜）

第 397 局　将帅不忠

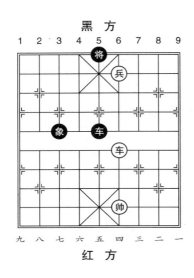

 **赏析**

忠，诚心尽力。本局红方车、兵

占据中路，从海底捞月杀，取胜。

1. 兵四平三　　将5进1
2. 车四进五　　将5平4
3. 兵三平四　　象3退1
4. 车四平八　　象1进3
5. 帅四进一　　车5平4
6. 车八退三　　将4进1
7. 车八平五　　将4退1
8. 帅四平五　　将4进1
9. 车五进三　　将4退1
10. 兵四平五　　将4进1
11. 车五平六　　（红胜）

第 398 局　王母蟠桃

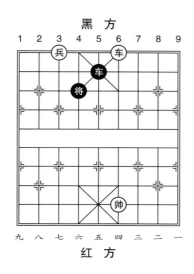

王母，上古神话中掌管不死药、罚恶、预警的长生女神。蟠桃，神话中的仙桃。本局红方第1回合，帅四退一，等着，诱使黑车弃守中路。第4回合，车五退四，先从正面催杀，诱出黑车。第6回合，车五进四，依仗底兵之威力，转攻黑方背面，黑车首尾不能兼顾，最终红车占中，以海底捞月杀，取胜。

1. 帅四退一　车 5 平 8
2. 车四平五　车 8 平 7
3. 帅四平五　车 7 平 8
4. 车五退四　车 8 进 8
5. 帅五进一　车 8 平 4
6. 车五进四　（红胜）

第 399 局　避难而行

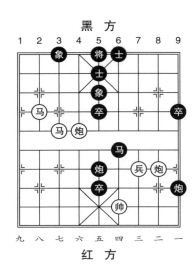

 赏析

避难，躲避、逃避灾难或迫害，逃离战争或动乱不安的地方。本局红方右炮先将军，左炮进一步，取胜。

（一）

1. 炮二进六　象 5 退 7
2. 马八进七　将 5 平 4
3. 炮六进一　将 4 进 1
4. 炮二退一　士 5 进 6
5. 后马进八　将 4 退 1
6. 马七退八　前卒进 1
7. 帅四进一　将 4 平 5
8. 后马进六　将 5 进 1
9. 马八进七　将 5 进 1
10. 炮二平七　将 5 平 4
11. 炮七退一　将 4 平 5
12. 炮六进一　（红胜）

（二）

1. 马八进七　将 5 平 4
2. 炮六进一　将 4 进 1
3. 后马进八　将 4 退 1
4. 炮二进六　象 5 退 7
5. 炮二退二　前卒进 1
6. 帅四进一　象 7 进 5
7. 马八退七　炮 9 进 3
8. 后马进六　（红胜）

第400局 双马饮泉

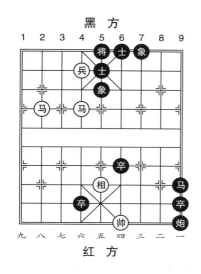

双马饮泉,象棋术语,象棋的一种杀招,指双马齐聚一侧发动攻势的一种杀法。先用一马在对方九宫侧翼控制将门,另一只马跳到这只马的里侧卧槽将军,双马互借威力,左扑右杀,共同出击,因为双马并排在河头,所以得名"双马饮泉",也可叫"打滚马"。本局红方马挂士角,弃兵引黑将出4路后,以双马饮泉杀法,取胜。

1. 马八进六　卒6进1
2. 兵六进一　将5平4
3. 前马进八　将4平5
4. 马六进七　将5平4
5. 马七退五　将4平5
6. 马五进三　(红胜)

第 401 局　幽鸟攒阶

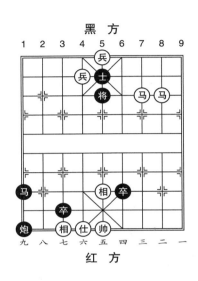

 赏析

幽，幽静。攒，簇拥，围聚，聚集。阶，台阶。本局红方双马联攻，取胜。

（一）

1. 马三退四　将5平4
2. 兵六平七　卒6平5
3. 马二退四　将4平5
4. 前马退六　将5平6
5. 马四进二　将6退1
6. 马六进四　士5进6
7. 兵七平六　卒5进1
8. 帅五平四　卒5平6
9. 帅四进一　炮1退1
10. 帅四退一　马1退3
11. 马四进二　（红胜）

（二）

1. 马三退四　将5平4
2. 兵六平七　卒3进1
3. 相五退七　马1进3
4. 帅五平四　炮1平4
5. 马二退四　将4平5
6. 前马退六　将5平6
7. 马四进二　将6退1
8. 马六进四　卒6平7
9. 马二退四　炮4退7
10. 后马退二　卒7平6
11. 兵七平六　炮4平9
12. 马二进三　炮9平7
13. 马三退四　炮7平1
14. 前马进二　炮1平7
15. 马二进三　炮7退1
16. 马四进三　将6进1
17. 后马退五　将6平5
18. 兵六平五　炮7进3

19. 马五进七　将5平4
20. 马三退四　炮7平6
　　（黑胜）

（三）

1. 马三退四　将5平4
2. 相五进七　卒6平5
3. 相七退九　卒3平4
4. 马四退六　卒5进1
5. 帅五平四　卒4进1
6. 马二退四　将4平5
7. 马六进七　将5平6
8. 马七退五　将6退1
9. 兵六平五　（红胜）

（四）

1. 马三退四　将5平4
2. 相五进七　卒6平5
3. 马四退六　马1退2
4. 马二退四　将4退1
5. 马六进五　将4进1
6. 马五进七　将4平5
7. 马四退六　将5平6
8. 马六退八　卒5平6
9. 马八进七　卒6进1
10. 后马退五　将6退1
11. 马七退五　将6进1
12. 前马进三　将6退1
13. 马三进二　（红胜）

注：变化（一）为原谱，红胜。有误，参见变化（二）。变化（二）为第2回合，黑方选择最顽强的防守，卒3进1，黑胜。变化（三）～（四）为第2回合，红方选择最佳的变化，相五进七，红胜。

第 402 局　踏雪寻梅

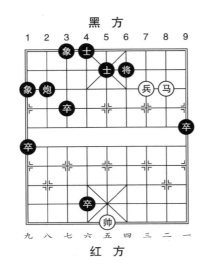

《夜航船》里记载，孟浩然情怀旷达，常冒雪骑驴寻梅，曰："吾诗思在灞桥风雪中驴背上。"形容文人雅士赏爱风景，苦心作诗的情致。本局红方不破黑方士、象，以马、兵联攻，取胜。

1. 兵三进一　将6退1
2. 兵三进一　将6平5
3. 马二退四　炮2退1
4. 马四进六　炮2平4
5. 马六退八　卒1平2
6. 马八进七　卒2平3
7. 马七退六　卒4进1
8. 帅五进一　前卒进1
9. 马六进四　（红胜）

 **赏析**

踏雪寻梅梅未开，伫立雪中默等待。踏雪寻梅的典故：明朝张岱的

第 403 局　二郎搜山

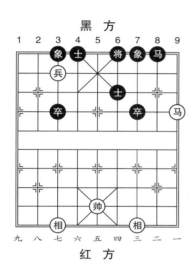

头的两个卒。红帅控制中路，红兵在红马的掩护下，吃尽黑方士、象，取胜。

1. 马一进二　将6进1
2. 兵七进一　士4进5
3. 相三进一　卒3进1
4. 相七进九　卒7进1
5. 帅五退一　士5进4
6. 兵七平六　士4退5
7. 兵六平五　士5进4
8. 兵五平四　士4退5
9. 兵四平三　士5进4
10. 兵三平二　士4退5
11. 兵二平三　士5进4
12. 兵三平四　士4退5
13. 兵四平五　士5进4
14. 马二退一　卒7进1
15. 相一进三　士6退5
16. 马一退三　士5退6
17. 马三进二　将6进1
18. 兵五平四　士4退5
19. 马二进三　将6退1
20. 兵四平五　士5进4
21. 帅五进一　士4退5
22. 马三退五　卒3进1
23. 相九进七　将6进1

赏析

二郎，又名二郎神，《封神演义》中，二郎神原名杨戬，他力大无穷，变幻莫测，能有七十二变（八九玄功）。使用的武器是三尖两刃枪，武功绝伦，座下有神兽哮天犬，额间有第三只神眼。《西游记》中，曾奉旨捉拿孙悟空。二郎搜山，指民间传说二郎神带领神兵神将搜山降魔。宋末元初的画作《搜山图》（《二郎神搜山图》），现珍藏在北京故宫博物院。本局红方飞起两个边相，控制住黑方河

435

24. 马五退六　将 6 退 1

25. 相七退五　（红胜）

第 404 局　转祸为福

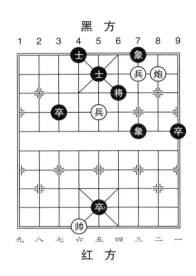

转祸为福，把祸患变为幸福，把坏事变成好事。本局红方炮左移，再平炮中路象位，回打黑中卒，进而红帅占中，最终以炮、兵取胜。

（一）

1. 炮二退六　卒 3 进 1
2. 炮二平八　卒 3 进 1
3. 炮八进五　卒 3 进 1
4. 炮八平五　卒 5 平 6
5. 帅六平五　卒 6 进 1
6. 帅五进一　象 7 进 5
7. 兵五平四　（红胜）

（二）

1. 炮二退八　卒 3 进 1
2. 炮二平五　卒 5 平 6
3. 炮五进八　士 4 进 5
4. 帅六平五　卒 6 进 1
5. 帅五进一　卒 3 进 1
6. 兵五平四　（红胜）

第 405 局　双鹊投林

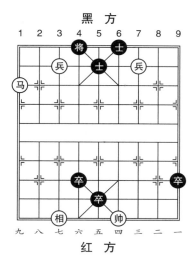

将有喜事来临。投林，鸟兽入林，借喻栖身或归隐。本局红方运用老卒搜山杀法，取胜。

1. 马九退七　　卒4进1
2. 兵七进一　　将4平5
3. 马七进九　　士5进4
4. 兵三平四　　卒5平6
5. 帅四进一　　卒4平5
6. 帅四进一　　卒9平8
7. 马九进七　　（红胜）

 赏析

鹊，喜鹊鸟，民间传说听见它叫，

第 406 局　入穴取虎

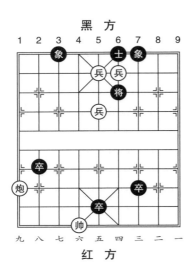

 **赏析**

入穴取虎，《后汉书·班超传》：不入虎穴，焉得虎子。指不进入老虎的巢穴，怎么能捉到小老虎？比喻不经历艰险，就不能获得成功。本局红方炮进入黑将的将位，以花心兵为炮架，最终以炮、兵取胜。

（一）

1. 炮九进七　　士6进5
2. 兵四平五　　象7进9
3. 炮九平八　　卒2平3
4. 炮八退二　　卒3平4
5. 炮八平五　　卒4平5
6. 炮五退四　　卒7平6
7. 炮五平六　　卒6平5
8. 炮六进六　　后卒平4
9. 前兵平六　　卒4进1
10. 炮六退八　　卒5平4
11. 帅六进一　　将6退1
12. 兵五进一　　将6退1
13. 兵五进一　　象9退7
14. 兵六进一　　象3进5
15. 兵六平五　　（红胜）

（二）

1. 炮九进七　　士6进5
2. 兵四平五　　象7进9
3. 炮九平八　　卒2平3
4. 炮八退二　　卒7平6
5. 炮八平六　　卒3进1
6. 炮六进二　　卒3平4
7. 后兵平四　　将6平5
8. 炮六平五　　将5平4
9. 炮五退八　　卒4进1
10. 帅六平五　　卒6进1

11. 炮五进五　卒4进1
　　（黑胜）

（三）

1. 炮九平六　卒2平3
2. 炮六进七　士6进5
3. 兵四平五　卒3平4

4. 炮六平五　卒4进1
5. 后兵平四　（红胜）

注：变化（一）为原谱，红胜。有误，参见变化（二）。变化（二）为第4回合，黑方选择最顽强的防守，卒7平6，黑胜。变化（三）为第1回合，红方选择最佳的变化，炮九平六，更加简洁、高效，红胜。

第407局　追风赶月

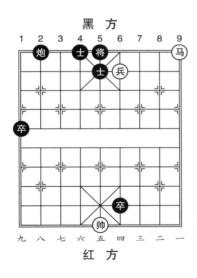

赏析

追风，原骏马名，现形容马行进的速度快。赶月，追赶月亮。本局红方兵沉底线，控制黑将出路，红帅居中，控制黑士，最终以马将军，取胜。

（一）

1. 兵四平三　将5平6
2. 马一退二　炮2进2
3. 兵三进一　将6平5
4. 马二退四　炮2退1
5. 马四进六　炮2平4
6. 马六退八　卒6平7
7. 马八进七　卒7平6
8. 马七退六　卒6进1
9. 帅五进一　卒1进1
10. 马六进四　（红胜）

（二）

1. 兵四平三　炮2进1
2. 兵三进一　卒6平5
3. 帅五进一　炮2平1
4. 马一退二　炮1进1

5. 马二退四　炮1退1
6. 马四退三　炮1进2

7. 马三进二　炮1平5
8. 马二进三　（红胜）

第408局　得失有变

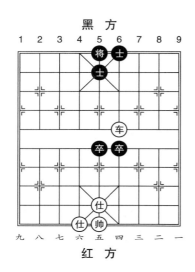

劣。唐朝杜甫的《偶题》：文章千古事，得失寸心知。本局红方车禁卒破士，取胜。

1. 仕五退四　卒6平7
2. 帅五进一　卒7平6
3. 车四进一　卒6平7
4. 车四平六　卒7平6
5. 帅五平六　卒6平7
6. 车六平八　士5退4
7. 车八平五　士4进5
8. 车五退二　（红胜）

赏析

得失，指成败、厉害、短长、优

第409局　家无安堵

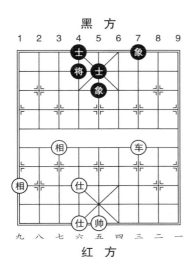

1. 车三进四　象7进9
2. 帅五进一　象9进7
3. 帅五进一　象7退9
4. 仕六退五　象9退7
5. 车三退二　士5进4
6. 帅五平六　士4进5
7. 车三平八　将4退1
8. 车八进三　将4进1
9. 车八退一　将4退1
10. 车八平五　象5进7
11. 车五平九　象7进5
12. 车九退一　将4平5
13. 车九平六　（红胜）

赏析

安堵，安定，安居。本局红方车禁士、象，取胜。

第410局　威震华夷

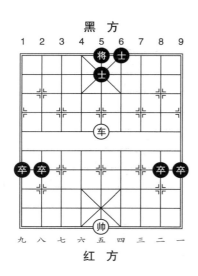

1.	车五平八	将5平4
2.	车八平六	将4平5
3.	车六退二	卒8进1
4.	车六平一	卒8进1
5.	车一平六	卒8平7
6.	帅五进一	卒7平8
7.	帅五进一	卒8平7
8.	车六退二	卒7进1
9.	车六退一	卒7平8
10.	车六平二	卒2平3
11.	车二平八	卒1平2
12.	车八平九	将5平4
13.	车九平六	将4平5
14.	车六进二	卒2平1
15.	车六进三	卒1平2
16.	帅五退一	卒3进1
17.	车六平七	将5平4
18.	车七退三	（红胜）

赏析

华夷，汉族和少数民族，现指中国和外国。本局红方车禁卒破士，取胜。

第 411 局　痛断根除

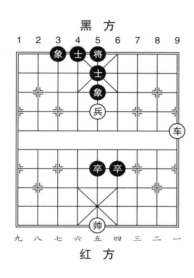

赏析

痛断，严厉判决。根除，彻底消灭。本局红方缺士、相，和局。

（一）

1. 车一平五　象5退7
2. 帅五平四　象7进5
3. 兵五进一　象3进5
4. 车五进二　卒5平4
5. 车五退三　卒4平5
6. 车五平四　卒6平7
7. 车四平三　卒7平6
8. 车三进五　士5退6
9. 车三退五　士6进5
（和局）

（二）

1. 车一平五　将5平6
2. 帅五平四　将6平5
3. 兵五进一　象3进5
4. 车五进二　卒5平4
5. 车五平二　卒4平5
6. 车二进二　士5退6
7. 车二退六　士4进5
8. 帅四平五　将5平4
（和局）

（三）

1. 车一平五　将5平6
2. 兵五平六　将6平5
3. 帅五平四　象5退7
4. 车五平七　象3进5
（和局）

（四）

1. 车一平五　将5平6

2. 兵五平四　象5退7
3. 车五平二　象3进5
4. 车二进四　将6平5
　　（和局）

注：原谱只有第1回合，车一平五，红胜。因红方缺仕、相，难以防备黑双卒的进攻，不能取胜，和局。如红方增加一仕，先用红车控制黑双象，再以红兵塞象眼，可胜。

第412局　残虏投降

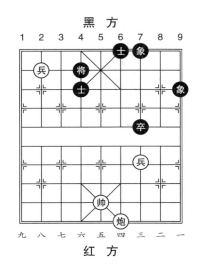

残，凶恶，狠毒。虏，中国古代对北方外族的贬称。南宋陆游的《谢池春·壮岁从戎》：壮岁从戎，曾是气吞残虏。本局红方帅、炮、兵控制黑将、双士，三路兵渡河，先后吃黑双象，最终黑方欠行，红胜。

1. 兵八平七　将4退1
2. 兵七进一　将4进1
3. 炮四进八　卒7进1
4. 兵三进一　象9进7
5. 兵三进一　象7进9
6. 兵三平二　象9退7
7. 兵二进一　象7进9
8. 帅五进一　象9退7
9. 兵二平一　象7进9
10. 兵一进一　（红胜）

第 413 局　守静待时

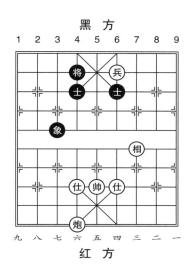

守静，保持清静，无所企求，也指收住烦乱的心，找一个恬静的环境来看守它。待时，等待时机。本局红方第 1 回合，帅五退一，等着，逼黑象退边，以便实施软禁。第 2 回合，相三退五，以相制象，限制黑象的活动，并准备将相调整到七路。第 4 回合，炮六平七，封象禁子，黑棋只有士、将可动。第 5 回合，炮七平四，平炮仕角入局。第 6 回合，兵四平五，看似一兵换一士，实际效果是一兵换双士。第 7 回合，炮四平六，照将过门，驱将入中，用炮牵制，吃另一士，形成炮、双仕必胜单象的局面。

1. 帅五退一　　象3退1
2. 相三退五　　象1进3
3. 相五进七　　象3退1
4. 炮六平七　　将4退1
5. 炮七平四　　士6退5
6. 兵四平五　　士4退5
7. 炮四平六　　将4平5
8. 炮六平五　　象1退3
9. 炮五进八　　象3进1
10. 炮五退六　　象1退3
11. 帅五平六　　将5进1
12. 炮五退二　　将5退1
13. 仕六退五　　将5平6
14. 帅六进一　　将6进1
15. 帅六平五　　象3进5
16. 仕五进六　　将6平5
17. 炮五进七　　将5退1
18. 炮五进一　　将5平4
19. 炮五平三　　将4进1
20. 炮三退八　　将4进1
21. 炮三平六　　（红胜）

第414局　私渡关津

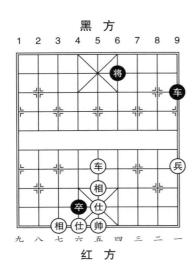

 赏析

关津，关口和渡口，也指设在关口或渡口的关卡。本局红方渡一路边兵过河，黑方无士、象，红车、兵必胜单车。

（一）

1. 相七进九　将6退1
2. 相九进七　将6进1
3. 相五进三　将6退1
4. 相七退五　将6进1
5. 相五退三　将6退1
6. 兵一进一　将6进1
7. 仕五进四　车9平6
8. 车五进五　将6退1
9. 仕四退五　车6进3
10. 相三进五　车6进1
11. 车五退三　车6平9
12. 车五平四　将6平5
13. 兵一进一　（红胜）

（二）

1. 相七进九　将6退1
2. 相九进七　将6进1
3. 相五进三　将6退1
4. 相七退五　将6进1
5. 相五退三　车9进1
6. 仕五进四　车9平6
7. 车五进五　将6退1
8. 车五退六　车6平9
9. 兵一进一　将6进1
10. 车五进六　将6退1
11. 车五退三　车9平6
12. 仕四退五　车6进9
13. 兵一进一　（红胜）

第 415 局 私下三关

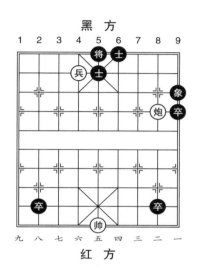

川省奉节东;白水关,现今四川省广元西北。《三国志·吴志·贺邵传》:近刘氏据三关之险,守重山之固。本局红方平兵锁住黑将出路,红帅上山顶,避开黑双卒的攻击,最终以铁门栓,绝杀取胜。

1. 炮二进二　卒2平3
2. 帅五进一　卒9进1
3. 兵六平七　卒9进1
4. 兵七进一　卒9平8
5. 炮二退二　象9退7
6. 炮二平八　象7进5
7. 炮八平五　后卒平7
8. 帅五进一　卒7平6
9. 帅五平六　卒6进1
10. 兵七平六　（红胜）

赏析

三关,古代地名,三国时期的三关是阳平关、江关、白水关。阳平关,现今陕西省宁强西北;江关,现今四

第416局 动中有静

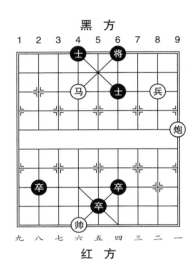

 赏析

动中有静，通常说动中有静，静中有动，事物是绝对运动和相对静止的统一。本局红方炮平左翼，禁黑双士活动，保护八角马不受威胁，最终以马、炮、兵联攻，取胜。

1. 炮一平七　卒2平3
2. 兵二平三　卒3进1
3. 炮七平四　士6退5
4. 兵三平四　（红胜）

第 417 局 蹇驽困厩

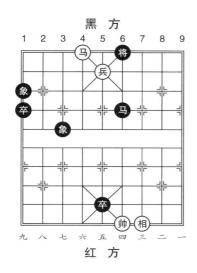

 赏析

蹇驽，劣马，能力低劣，庸劣的才力。厩，马棚，也指牲口棚。本局红方马运至右翼，取胜。

（一）

1. 马六退八　卒1进1
2. 马八退七　卒1进1
3. 马七退五　卒1平2
4. 马五进三　卒2平3
5. 马三进二　（红胜）

（二）

1. 马六退八　象3退5
2. 马八退九　象5退7
3. 马九退八　卒5进1
4. 帅四进一　卒5平6
5. 马八进六　卒6平7
6. 马六进四　象7进5
7. 帅四平五　卒7平6
8. 马四退二　象1退3
9. 马二进三　（红胜）

第418局　厩焚伤马

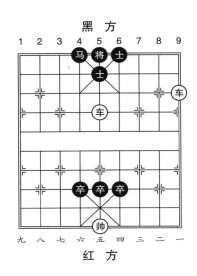

厩焚伤马，孔子的《论语·乡党》：厩焚，子退朝，曰："伤人乎？"不问马。孔子当时担任司寇官职，负责司法，因此，马厩失火，他问有无伤人，至于是否伤马，那是有专门的官员负责的。本局红方车破三卒，取胜。

1. <u>车一平六</u>　马4进2
2. 车六进一　马2退4
3. 帅五平六　卒6平7
4. 车六进一　将5平4
5. 车五退四　卒4进1
6. 帅六平五　卒4进1
7. 帅五进一　卒7进1
8. 车五平六　将4平5
9. 车六退二　卒7平8
10. 帅五进一　卒8平7
11. 车六进一　卒7进1
12. 车六退一　卒7平8
13. 车六平二　将5平4
14. 车二平六　将4平5
15. 车六进七　（红胜）

第 419 局　一虎下山（乙）

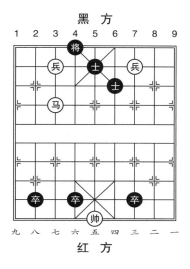

进兵底线，运用老兵搜山杀法，最终以卧槽马取胜。

1. 兵七进一　将4平5
2. 兵三平四　卒7平6
3. 马七进九　卒4平5
4. 帅五平六　卒2平3
5. 马九进七　（红胜）

注：本局与第354局同名。第354局是运用八角马控制黑将，以兵取胜。本局是以卧槽马取胜。

赏析

一虎下山，来势凶猛。本局红方

第 420 局　失左右手

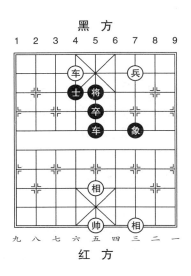

赏析

失左右手，失去左手和右手，比喻失去得力的助手。本局黑方车掩护士，阻拦红车借帅力将军，和局。

（一）

1. 车六进一　士4退5
2. 车六平八　象7退9
3. 兵三平四　车5平6
4. 车八退二　士5进4
5. 车八退一　车6平5
6. 车八进三　将5平6
7. 兵四平三　象9进7
8. 车八平二　将6平5
9. 车二退二　将5退1
10. 车二平六　车5平6
11. 帅五平六　车6平5
12. 车六平四　车5平4
13. 帅六平五　将5平4
14. 兵三平四　卒5进1
15. 车四退二　象7退9
16. 车四平一　象9退7
17. 车一平三　象7进9
18. 车三进二　车4进5
19. 帅五进一　车4平6
20. 车三平八　车6退5
21. 帅五退一　象9退7
22. 车八退一　将4进1
23. 车八进三　将4退1
24. 相三进一　将4退1
25. 车八退二　将4进1
26. 车八退一　将4进1
27. 相一进三　象7进9
28. 兵四平五　将4平5
29. 兵五平六　将5平4
30. 车八平六　将4平5
31. 帅五平六　车6退5
32. 帅六进一　车6退1

33. 帅六退一　将5平6
34. 车六进一　将6退1
35. 车六平五　车6进1
36. 帅六进一　将6退1
37. 兵六平五　车6退1
38. 帅六退一　车6退4
39. 车五平一　车6进5
40. 帅六进一　车6退1
41. 帅六退一　车6平4
42. 帅六进一　卒5进1
43. 车一平四　（红胜）

（二）

1. <u>车六进一　车5平6</u>
2. 车六平五　士4退5
3. 车五平八　士5进4
4. 车八退三　将5退1
5. 车八平五　将5平4
6. 车五平六　车6退2
7. 帅五平六　象7退9
8. 兵三平四　车6进7
9. 帅六进一　车6退7
10. 车六平八　车6进2
11. 相五进三　车6平4
12. 帅六平五　象9进7
13. 帅五退一　象7退9
14. 车八平二　车4退6
15. 车二平八　车6平4
（和局）

（三）

1. <u>车六进一　车5平4</u>
2. 车六平五　士4退5
3. 兵三平四　车4退3
4. 帅五平四　卒5进1
5. 车五平二　士5进6
6. 车二平八　卒5进1
7. 车八退二　车4进1
8. 车八退一　车4进3
9. 车八平四　卒5平6
（和局）

注：变化（一）为原谱，红胜。有误，参见变化（二）～（三）。变化（二）～（三）为第1回合，黑方选择最佳的防守，车5平6或车5平4，和局。

第 421 局　内攻外御

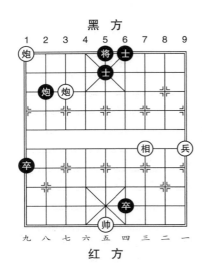

赏析

内攻，攻打在内的敌人。外御，抵御外来的侵略。本局红方禁黑方边卒，黑方巧妙化解，形成红方炮、兵对黑方双卒、双士，和局。

1. 炮七进二　炮2退2

2. 炮七退一　炮2进1
3. 炮九平八　将5平4
4. 兵一进一　（红胜）

1. 炮七进二　炮2退2
2. 炮七退一　炮2进1
3. 炮九平八　将5平4
4. 兵一进一　炮2进6
5. 兵一平二　卒1平2
6. 炮八退七　卒2进1
7. 炮七退五　卒2平3
8. 炮七平一　卒3平4
9. 炮一退二　（和局）

注：变化（一）为原谱，红胜。变化（二）为原谱的继续演变，黑方巧妙兑炮，形成红炮、兵对黑双卒、双士，红胜不成立，红方需将炮运至底二线右翼，防备黑卒成杀，和局。

第 422 局　秣马潜戈

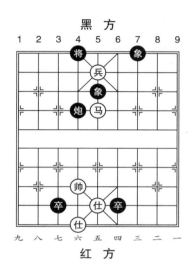

用青铜或铁制成，装有长柄。本局红方马回归到己方底线仕角位，再转回左翼进攻，取胜。

1. 仕五进四　卒6平7
2. 仕六进五　卒7平6
3. 马五进三　卒6平7
4. 马三退四　炮4进3
5. 马四退三　炮4退3
6. 仕五退四　炮4退1
7. 马三退五　卒7平6
8. 马五退六　炮4进4
9. 马六进七　炮4退4
10. 马七进八　炮4进1
11. 马八进七　炮4进3
12. 马七进八　（红胜）

 赏析

秣马，饲马。潜，隐藏的，秘密地。戈，古代的一种曲头兵器，横刃，

第 423 局 遐迩归心

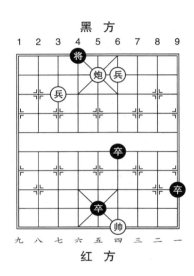

 **赏析**

遐迩，远近。归心，诚心归附。三国时期，魏国曹操的《短歌行》：周公吐哺，天下归心。本局红方炮入将位，以炮、兵取胜。

1. 兵七平六　卒6进1
2. 兵六平五　卒5平4
3. 炮五进一　卒6进1
4. 兵五进一　卒9进1
5. 炮五平三　卒4平5
6. 兵四进一　（红胜）

第 424 局　怯勇自服

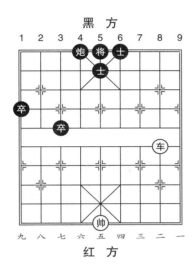

赏析

怯，害怕，畏惧。勇，勇气，勇力。自服，自然心服。本局红方车禁炮、卒，取胜。

1. 车二平八　卒1进1
2. 帅五进一　炮4进2
3. 车八进五　炮4退2
4. 车八平七　卒1进1
5. 车七退四　卒1平2
6. 帅五退一　卒2进1
7. 帅五进一　炮4进6
8. 车七进四　炮4退6
9. 帅五退一　卒2进1
10. 帅五进一　卒2进1
11. 帅五退一　卒2平1
12. 车七平八　卒1进1
13. 帅五进一　卒1平2
14. 车八退九　炮4进2
15. 车八进九　炮4退2
16. 车八平七　（红胜）

注：原谱仅有第1回合，车二平八，红胜。现补上余下的回合，第12回合，车七平八，黑卒只有自投罗网。

第 425 局　驱将擒胡

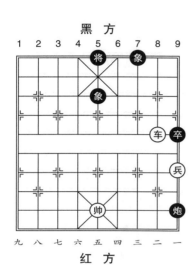

 **赏析**

胡，中国古代北方或西域的民族。本局红方车通过运子，赶开负责守护黑卒的黑炮，而后吃黑卒，渡边兵过河，形成车、兵必胜炮、双象的局面。

1. 车二平八　将5平4
2. 帅五退一　炮9退1
3. 车八进四　将4进1
4. 车八退七　炮9进1
5. 车八平一　炮9平8
6. 车一平六　将4平5
7. 车六进七　象7进9
8. 车六平一　象9进7
9. 车一退四　将5平6
10. 车一进三　将6退1
11. 兵一进一　炮8平1
12. 车一进一　将6进1
13. 车一平六　将6平5
14. 兵一进一　炮1平9
15. 车六退八　炮9退1
16. 车六平五　炮9平4
17. 车五进四　炮4退7
18. 车五平三　将5平4
19. 车三进三　将4进1
20. 车三平七　（红胜）

第 426 局　马灵兵胜

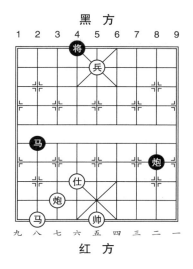

北田虎麾下将领，绰号"神驹子"，又称"小华光"，会神行法、金砖术，后被鲁智深擒获，归顺梁山泊军队。胜，胜利。本局红方兑炮后，困毙黑方。

1. 炮七平六　　炮 8 平 4
2. 仕六退五　　炮 4 平 5
3. 帅五平六　　炮 5 平 1
4. 仕五进六　　炮 1 平 4
5. 炮六进二　　马 2 进 4
6. 仕六退五　　（红胜）

 赏析

马灵，四大名著《水浒传》中河

第 427 局　踊跃用兵

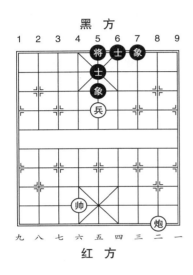

兵器。《诗经·邶风·击鼓》：击鼓其镗，踊跃用兵。本局红方兵破象，炮转攻右翼，取胜。

1. 兵五进一　士5进4
2. 炮二进九　士4退5
3. 帅六进一　士5进6
4. 兵五平四　将5进1
5. 炮二退一　将5退1
6. 兵四进一　士6进5
7. 炮二平五　象7进9
8. 炮五退二　象9进7
9. 炮五平四　象7退9
10. 炮四平二　象9退7
11. 炮二进二　（红胜）

踊跃，欢欣鼓舞貌。用兵，使用

第 428 局　一心向火

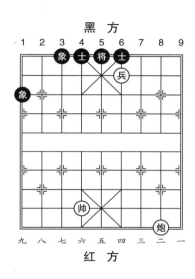

朝，面对。向火，烤火，取暖。本局红方炮平中，帅右移，最终以铁门栓，取胜。

1. 炮二平五　象1进3
2. 炮五进二　象3退1
3. 帅六平五　象1进3
4. 帅五平四　象3退1
5. 炮五平二　士6进5
6. 帅四平五　象1进3
7. 帅五退一　象3退1
8. 炮二平七　象3进5
9. 炮七平五　象1退3
10. 帅五平四　象3进1
11. 兵四进一　（红胜）

赏析

一心，专心，一心一意。向，面

第 429 局　上陵下替

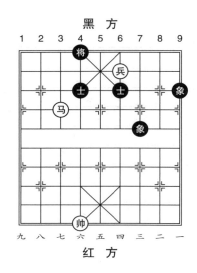

　　陵，通凌，凌驾。替，废弛。上陵下替，在上位者凌驾于上，在下位者衰败无能，指上下失序，纲纪废坠。与下陵上替同一意思。《隋书·炀帝纪上》："上陵下替，纲维靡立。"本局红方马、兵破士、象，取胜。

1. 马七退五　　象7退5
2. 马五进四　　将4平5
3. 马四退五　　士4退5
4. 马五退七　　象5进3
5. 帅六平五　　象3退5
6. 马七进八　　象9进7
7. 马八进七　　将5平4
8. 兵四平五　　象5退3
9. 马七退六　　象7退5
10. 马六退八　　象5退7
11. 马八进七　　（红胜）

第430局 能为必胜

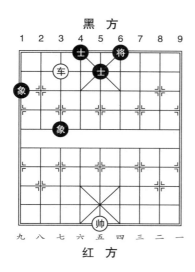

赏析

能为，本领，能耐。必胜，一定胜利。本局红方第1回合，车七退一，锁住黑双象。第2回合，车七平二，攻击暴露的黑将，借照将赢得步数，是制胜的关键。第3回合，车二进二，过门。第8回合，帅五平四，巧妙地禁着，黑方不得不送象给红车吃。最终红车破士、象，取胜。

1. 车七退一　将6进1
2. 车七平二　将6退1
3. 车二进二　将6进1
4. 车二退四　将6退1
5. 车二平四　将6平5
6. 车四平五　将5平6
7. 帅五进一　将6平5
8. 帅五平四　象1退3
9. 车五平七　象3进5
10. 车七平二　士5退6
11. 车二平五　士4进5
12. 车五进二　将5平4
13. 车五平九　将4平5
14. 车九退七　士5进4
15. 车九进九　将5进1
16. 车九平四　将5平4
17. 车四退一　士4退5
18. 帅四平五　将4进1
19. 车四平五　（红胜）

第431局　功成身退

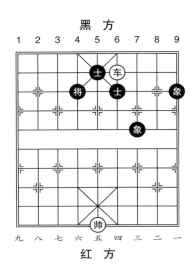

 赏析

功成身退，大功告成之后，自行隐退，不再做官或复出。本局红方第1回合，车四平二，平车塞象眼，不让黑象归位。第4回合，车六进一，禁着。第5回合，车六平八，禁着，黑双士、双象均被控制。第7回合，帅五平四，平帅牵制。第10回合，车一平六，捉死黑士，取胜。

1. 车四平二　将4退1
2. 车二退二　将4退1
3. 车二平六　将4平5
4. 车六进一　将5平6
5. 车六平八　将6进1
6. 车八进二　士5进4
7. 帅五平四　象7退5
8. 车八平一　象9进7
9. 车一退一　将6退1
10. 车一平六　将6平5
11. 车六退一　士6退5
12. 车六平八　士5退4
13. 帅四进一　象5退7
14. 帅四进一　象7退5
15. 帅四平五　将5进1
16. 车八进二　将5退1
17. 帅五平六　象7进9
18. 车八平六　将5进1
19. 车六退一　将5退1
20. 帅六平五　象9进7
21. 车六平一　将5平4
22. 车一平五　象5进3
23. 车五退三　象3退5
24. 车五平六　将4平5
25. 车六平三　将5平4
26. 车三平五　将4进1
27. 车五进二　将4退1
28. 车五平六　（红胜）

第432局 钳塞士口

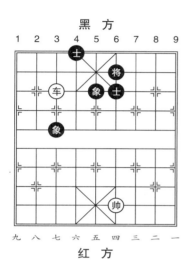

赏析

钳塞,钳制,堵塞。本局红方第1回合,车七平六,迫使黑方支士,红车由底线迂回攻击黑方弱点。第3回合,车八退二,黑方不能下象,上象则底线空虚。第5回合,车八退三,由于黑底士的弱点,黑将归位要多走一步棋,红车从容调整到右翼,破士入局,取胜。

1. 车七平六　士4进5
2. 车六平八　象5退3
3. 车八退二　象3进5
4. 车八进四　士5退6
5. 车八退三　士6进5
6. 车八平二　士5进4
7. 车二进一　将6平5
8. 车二平四　将5平4
9. 车四退二　象3退1
10. 车四平八　将4平5
11. 帅四平五　将5退1
12. 车八进二　象1进3
13. 车八平六　将5进1
14. 车六平七　将5平6
15. 车七进一　将6退1
16. 车七平五　象5进7
17. 车五进一　将6进1
18. 车五退四　象7退5
19. 车五平四　将6平5
20. 车四平七　将5退1
21. 车七进四　将5进1
22. 车七退二　将5平4
23. 车七平五　将4退1
24. 车五平六　(红胜)

第 433 局　束手就系

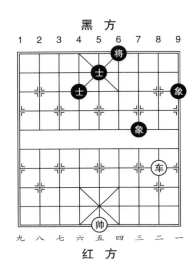

黑方

红方

使黑方走出劣着。最终红车破士、象，取胜。

1. 车二进六　将6进1
2. 车二平一　将6进1
3. 车一退一　士5退6
4. 车一平二　士6进5
5. 帅五进一　士5退4
6. 车二退一　将6退1
7. 车二平六　士4进5
8. 车六平二　士5进6
9. 车二平三　象7退5
10. 车三平一　象5进7
11. 车一进一　将6退1
12. 车一退三　象7退5
13. 车一平五　象5进3
14. 车五平七　士6退5
15. 车七平四　将6平5
16. 车四平五　将5平4
17. 车五进三　（红胜）

系，栓绑，束缚。束手就系，又名束手就缚，捆起手来，让人捉，比喻不加抵抗，让人擒捉。本局红方第2回合，车二平一，牵制黑双象、双士。第5回合，帅五进一，等着，迫

第 434 局　上下离心

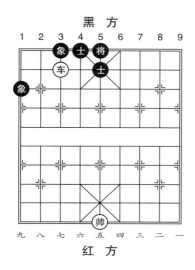

1. 车七退一　将5平6
2. 车七平一　将6进1
3. 车一退二　将6退1
4. 车一平四　将6平5
5. 车四平五　将5平6
6. 帅五进一　将6平5
7. 帅五平四　象1进3
8. 车五平七　象3进5
9. 车七平二　士5退6
10. 车二平五　士4进5
11. 车五进二　将5平4
12. 车五平九　将4平5
13. 车九退七　士5进4
14. 车九进九　将5进1
15. 车九平四　将5平4
16. 车四退一　士4退5
17. 帅四平五　将4进1
18. 车四平五　（红胜）

 **赏析**

离心，不同心，不团结。本局红方车平右翼，取胜。

第 435 局　独行千里

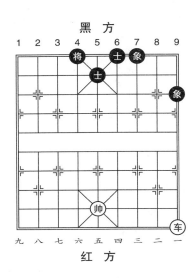

独行千里，四大名著中的《三国演义》讲述了关羽千里走单骑，单人匹马护送两位嫂夫人寻找兄长刘备，途中过五关斩六将，最后在古城，兄弟、君臣、夫妻得以相聚。本局红方第1回合，车一进五。而后占中，破士、象，取胜。

1. 车一进五　士5进4
2. 车一平六　士6进5
3. 车六平九　士5进6
4. 车九进四　将4进1
5. 帅五平六　象7进5
6. 车九退二　士6退5
7. 车九进一　将4退1
8. 车九平五　象9退7
9. 车五平八　将4平5
10. 车八退一　将5进1
11. 车八平六　象7进9
12. 车六进一　将5退1
13. 车六进一　将5进1
14. 帅六平五　象9进7
15. 车六平一　将5平4
16. 车一平五　象5进3
17. 车五退四　象3退5
18. 车五平六　将4平5
19. 车六平三　将5退1
20. 车三平五　将5平4
21. 车五进二　将4进1
22. 帅五进一　将4退1
23. 车五平六　（红胜）

第436局　上下失望

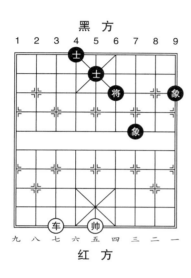

 赏析

上下，指位分的高低，君臣、尊卑、长幼。失望，丧失信心，希望未能实现，表示一种心理的期待落空。本局红方车破士、象，取胜。

1. 车七进六　　将6退1
2. 车七平四　　士5进6
3. 帅五平四　　士4进5
4. 车四平二　　将6退1
5. 车二进三　　将6进1
6. 车二退一　　将6退1
7. 车二平五　　象9退7
8. 车五平三　　象7进5
9. 帅四平五　　象7退9
10. 车三退一　　象9退7
11. 车三平四　　将6平5
12. 车四平二　　将5平4
13. 车二平三　　将4进1
14. 车三进一　　将4退1
15. 车三平五　　象5进7
16. 车五进一　　将4进1
17. 车五平三　　象7退5
18. 车三退一　　将4退1
19. 车三退一　　将4进1
20. 车三平五　　将4退1
21. 车五平六　　（红胜）

第 437 局　斗柄回寅

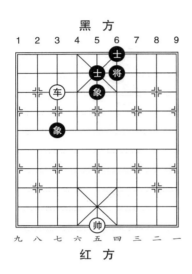

 赏析

1.	车七退一	士5进6
2.	帅五平四	将6平5
3.	车七平四	将5平4
4.	车四进一	士6进5
5.	车四平二	士5进4
6.	车二退二	将4退1
7.	车二进四	将4进1
8.	车二平七	将4平5
9.	车七平六	象5进7
10.	车六退二	象7退5
11.	帅四平五	将5退1
12.	车六平八	将5进1
13.	车八进一	将5退1
14.	车八平九	将5平4
15.	车九平五	象5进7
16.	车五退三	象7退5
17.	车五平六	将4平5
18.	车六平七	将5平4
19.	车七平五	将4进1
20.	车五进二	将4退1
21.	车五平六	（红胜）

斗柄，构成北斗柄部的三颗星。寅，指农历正月。斗柄回寅，北斗星的斗柄指向寅的方向，即在时间上到达了农历正月，一元复始，万象更新，大地回春，代表一年开始的意思。本局红方帅牵制住黑士，红车破士、象，取胜。

第 438 局　左右并攻

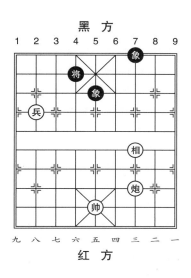

兵联攻，运用禁着，破黑双象，取胜。

1. 兵八平七　象7进9
2. 兵七平六　将4退1
3. 兵六进一　象9进7
4. 炮三平五　象7退9
5. 炮五平六　将4平5
6. 炮六平三　象9退7
7. 炮三进七　将5平4
8. 兵六平五　将4进1
9. 兵五进一　将4进1
10. 帅五进一　（红胜）

 赏析

并，相挨着，一起。本局红方炮、

第 439 局　士卒威服

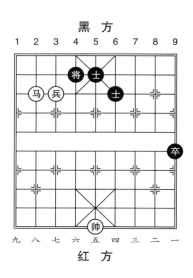

赏析

威服，以武力慑服或畏伏。本局红方帅牵制黑士，最终以马、兵联攻，破士取胜。

1. 兵七进一　将4退1
2. 兵七平六　将4平5
3. 马八退六　将5平6
4. 帅五平四　将6平5
5. 马六退四　卒9进1
6. 马四进二　士5退4
7. 马二进四　将5平6
8. 帅四平五　将6进1
9. 马四退三　卒9进1
10. 马三进五　将6进1
11. 马五进七　卒9平8
12. 马七进六　卒8平7
13. 兵六平五　卒7平8
14. 马六退七　卒8平7
15. 马七退八　卒7平6
16. 马八进六　（红胜）

第 440 局　三军夺帅

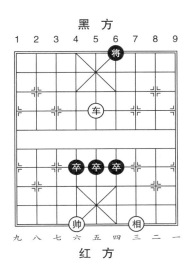

1.	帅六平五	卒6平7
2.	车五平四	将6平5
3.	相三进一	卒7平8
4.	帅五平四	卒8平7
5.	车四平五	将5平4
6.	帅四平五	卒7平6
7.	车五平六	将4平5
8.	车六退三	将5进1
9.	车六进三	将5进1
10.	帅五平六	将5平6
11.	车六平四	将6平5
12.	车四平五	将5平6
13.	帅六平五	卒5进1
14.	车五退四	将6退1
15.	车五进四	卒6平5
16.	车五退三	将6进1
17.	车五平四	（红胜）

赏析

夺，改变。三军夺帅，三军的统帅可以改变。《论语·子罕》：三军可夺帅也，匹夫不可夺志也。本局红方车借照将攻破黑卒，取胜。

第441局　国富兵强

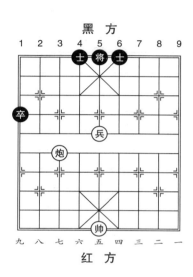

 **赏析**

国富兵强，国家富裕，军队强盛。本局红方炮居中，炮打卒，取胜。

（一）

1. 炮七平五　士6进5
2. 炮五平四　卒1进1
3. 兵五平四　卒1进1
4. 炮四退四　卒1平2
5. 兵四进一　卒2平3
6. 兵四进一　卒3平4
7. 兵四进一　卒4平5
8. 帅五进一　卒5进1
9. 炮四平七　士5进4
10. 炮七平五　士4进5
11. 炮五进三　士5进6
12. 帅五进一　将5平4
13. 帅五平六　将4进1
14. 炮五平九　将4退1
15. 炮九进四　将4平5
16. 炮九平四　士4退5
17. 帅六平五　将5平4
18. 兵四平五　（红胜）

（二）

1. 炮七平五　士4进5
2. 炮五平三　士5进4
3. 炮三进一　士6进5
4. 兵五平六　将5平6
5. 帅五进一　将6进1
6. 帅五进一　士5退4
7. 兵六进一　士4退5
8. 炮三平四　士1进1
9. 兵六平五　士1进1
10. 兵五平四　士5进6
11. 炮四进二　士1进1
12. 炮四平六　士4进5

13. 炮六退七　卒1平2
14. 炮六平四　士5进6
15. 炮四进七　卒2平3
16. 炮四平一　卒3平4
17. 炮一退七　卒4平5
18. 帅五退一　将6退1
19. 炮一平五　将6平5
20. 炮五进三　将5进1

21. 兵四平五　将5平4
22. 兵五进一　将4退1
23. 兵五进一　（红胜）

注：变化（一）为原谱。变化（二）为第2回合，黑方选择的最顽强防守，士4进5。

第442局　济济多士

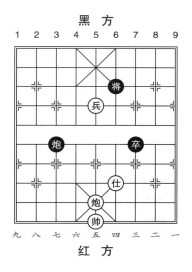

众多贤士，也指百官。本局红方兑炮，捉死黑卒，取胜。

1. 炮五平四　炮3平6
2. 仕四退五　炮6平5
3. 帅五平四　炮5平4
4. 仕五进四　炮4平6
5. 炮四进三　卒7平6
6. 仕四退五　卒6进1
7. 帅四进一　将6退1
8. 兵五进一　将6退1
9. 兵五进一　卒6进1
10. 仕五进四　（红胜）

赏析

济济，众多的样子。多士，古指

第 443 局　日月交蚀

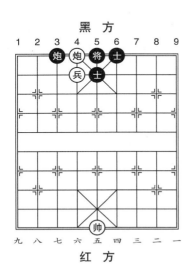

 赏析

　　日月，太阳和月亮。交蚀，日月亏蚀。本局红方兵扼守将门，炮转攻右翼，闷宫杀取胜。

1. 帅五进一　炮3平2
2. 炮六平七　炮2进2
3. 炮七退二　炮2平1
4. 炮七平三　炮1平5
5. 炮三进二　（红胜）

第 444 局 地网天罗

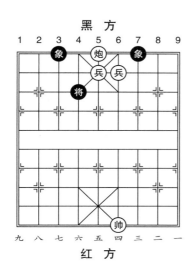

天罗，天空、地面布满罗网，指上下四方设置的包围圈。本局红方帅占中，调出红炮，占据右翼下二路，掩护中兵平至六路，然后四路兵占中，炮再到底线照将，绝杀取胜。

1. 帅四平五　象7进9
2. 炮五平一　象3进5
3. 炮一退一　象5退3
4. 兵五平六　象3进1
5. 兵四平五　象1进3
6. 炮一平四　象9退7
7. 炮四进一　象3退5
8. 炮四平六　（红胜）

天罗，张在空中捕鸟的网。地网

第 445 局 双孙扶老

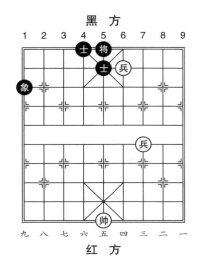

自己不倒。本局红方进一兵至底线，形成老兵搜山杀，取胜。

1. 兵三进一　象1退3
2. 兵三进一　象3进5
3. 兵三平四　象5退3
4. 后兵进一　象3进1
5. 前兵平三　象1退3
6. 兵四进一　象3进5
7. 兵三进一　士5退6
8. 兵三平四　（红胜）

 赏析

扶，搀扶，用手支持使人、物或

第 446 局 锐兵健步

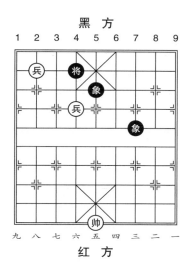

赏析

锐兵，精锐的士卒。健步，行走快而有力。本局红方双兵必胜黑双象。

（一）

1. 兵八平七　　将4平5
2. 帅五平六　　将5平6
3. 兵七平六　　象7退9
4. 帅六平五　　象9退7
5. 后兵平五　　象5进3
6. 兵五平四　　象3退5
7. 帅五平四　　将6退1
8. 兵六平五　　象7进9
9. 兵四进一　　象9退7
10. 兵四进一　　（红胜）

（二）

1. 兵八平七　　将4退1
2. 兵六平五　　象5进3
3. 兵五平四　　象3退5
4. 兵四进一　　象5进3
5. 兵四进一　　象3退5
6. 兵四平五　　象5进3
7. 兵七平六　　（红胜）

第 447 局　茕茕孑立

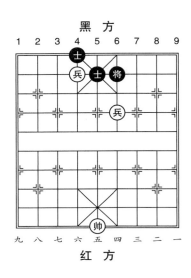

 **赏析**

茕茕，孤独的样子。孑，孤单。茕茕孑立，形容无依无靠，非常孤单。本局红方双兵破黑双士，取胜。

1. 兵四平五　将6退1
2. 兵五进一　士5进4
3. 兵六进一　将6进1
4. 兵六平五　士4退5
5. 后兵进一　将6进1
6. 帅五进一　（红胜）

第 448 局　游丝系虎

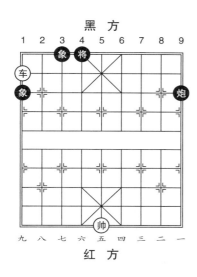

赏析

游丝，飘荡在空中的蜘蛛丝。本局红方车捉炮，破象，取胜。

（一）

1. 车九平一　炮9平4
2. 车一进一　将4进1
3. 车一退二　炮4进3
4. 车一退二　炮4退3
5. 车一平六　象1进3

6. 车六平七　象3进1
7. 车七进三　将4退1
8. 车七退一　将4进1
9. 车七平九　炮4进4
10. 车九退四　炮4退1
11. 车九平六　炮4退3
12. 车六进三　将4退1
13. 车六进一　（红胜）

（二）

1. 车九平一　炮9平5
2. 车一进一　将4进1
3. 车一平五　炮5平4
4. 车五退六　将4退1
5. 车五平六　将4进1
6. 车六进二　象1进3
7. 车六平七　象3进1
8. 车七进三　将4退1
9. 车七退一　将4进1
10. 车七平九　炮4进4
11. 车九退四　炮4退1
12. 车九平六　炮4退3
13. 车六进三　将4退1
14. 车六进一　（红胜）

第 449 局　只马归命

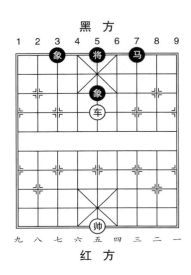

赏析

归命，归顺，投诚。本局黑方马不跳到中象位置，难以守和。

（一）

1. 车五平三　将5平4
2. 车三平四　将4平5
3. 帅五平四　象3进1
4. 车四进三　将5进1
5. 帅四平五　将5平4
6. 帅五进一　象1进3
7. 车四退四　象3退1
8. 车四平五　象1进3
9. 车五平六　将4平5
10. 车六平七　将5平6
11. 车七进三　将6退1
12. 车七平三　马7进9
13. 车三平一　象5进7
14. 车一进一　将6进1
15. 车一平五　象7退9
16. 车五退七　将6进1
17. 车五平四　（红胜）

（二）

1. 车五平三　将5平6
2. 车三平四　将6平5
3. 帅五平四　象3进1
4. 车四进三　将5进1
5. 帅四平五　将5平4
6. 帅五进一　象1进3
7. 车四退四　象3退1
8. 车四平五　象1进3
9. 车五平六　将4平5
10. 车六平七　将5平6
11. 车七进三　将6退1
12. 车七平三　马7进9
13. 车三平一　象5进7

14. 车一进一　将6进1
15. 车一平五　象7退9
16. 车五退七　将6进1
17. 车五平四　（红胜）

（三）

1. <u>车五平三</u>　<u>马7进6</u>
2. 车三平四　马6退7
3. 帅五平四　象3进1
4. 车四进三　将5进1
5. 帅四平五　将5平4
6. 帅五进一　马7进8
7. 车四退四　将4退1
8. 车四进二　象1进3
9. 车四平二　将4平5
10. 车二进二　将5进1
11. 车二平九　将5平6
12. 车九平五　象5进7
13. 车五退四　象3退5
14. 车五平四　将6平5
15. 车四平三　将5退1
16. 车三进四　将5进1
17. 车三退二　将5平4
18. 车三平五　将4退1
19. 车五平六　（红胜）

（四）

1. <u>车五平三</u>　<u>马7进5</u>
2. 车三进二　象3进1
3. 车三平一　马5退7
4. 车一平九　象1退3
5. 车九平四　马7进5
6. 帅五平四　马5进3
7. 车四进一　将5进1
8. 帅四平五　马3进5
9. 车四平六　象3进1
10. 车六退二　象1退3
11. 车六退二　马5退7
12. 车六平三　马7进5
13. 车三进一　马5进4
14. 车三进二　将5退1
15. 车三进一　将5进1
16. 车三平七　马4退6
17. 车七退一　将5进1
18. 车七退三　马6退4
19. 车七平六　马4退3
20. 车六进二　将5进1
21. 车六平七　将5进1
22. 车七进一　将5平4
23. 车七退一　将4进1
24. 车七平五　将4退1
25. 车五平六　（红胜）

（五）

1. <u>车五平三</u>　<u>马7进5</u>
2. 车三进二　象3进1
3. 车三平一　马5进3
4. 车一退三　将5平6
5. 车一进四　将6进1
6. 车一退二　马3进4
7. 车一退二　马4进2
8. 车一平五　象1退3

9. 车五平四　将6平5
10. 车四平七　将5平6
11. 车七退一　马2进1
12. 帅五进一　象3进1
13. 车七平九　马1进3
14. 车九进三　马3退4
15. 帅五退一　象5进7
16. 车九进一　将6退1
17. 车九进一　将6进1
18. 车九平五　马4进3
19. 帅五进一　象7退5
20. 车五退二　马3退4
21. 帅五退一　马4退3

22. 车五退六　马3进5
23. 车五进三　将6进1
24. 车五平四　（红胜）

注：原谱仅有第1回合，车五平三，红胜。现补上余下的回合，变化（一）～（五）为第1回合，黑方选择的变化演变。马、双象只有马在中象位，双象高飞连环，即马三象，可守和单车。其他阵型，单车均可获胜。取胜方法，摆好帅的位置，不给黑马打将脱身机会，再借车赶马之机，破去一象。

第450局　驽驹失厩

赏析

驽驹，驽马，资质较差，不出众的马。厩，马棚，也指牲口棚。本局红方车赶马，破双士，取胜。

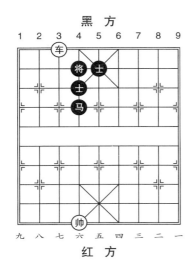

1. 车七退三　马4进5
2. 车七进二　将4退1
3. 车七平五　马5进4
4. 车五退一　将4进1
5. 帅六进一　马4退3
6. 车五平六　将4平5
7. 帅六退一　马3进1

8. 车六平七　马1退2
9. 车七退二　马2退3
10. 车七进二　将5平6

11. 车七进一　将6进1
12. 帅六平五　（红胜）

第 451 局　华衣怒马

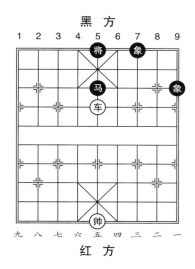

着，迫使黑将只能将5平6，红车才有占中的可能。第8回合，帅五进一，禁着，此时黑方所有子均被牵制，走子必将丢子。最终红车破马、双象，取胜。

1. 车五退一　将5平4
2. 车五平八　将4进1
3. 车八进三　将4退1
4. 车八退四　将4进1
5. 车八平六　将4平5
6. 车六进五　将5平6
7. 车六平五　将6进1
8. 帅五进一　象9进7
9. 车五平三　将6退1
10. 车三退四　将6退1
11. 车三平五　将6进1
12. 车五进二　将6退1
13. 车五平四　（红胜）

赏析

华，美丽而有光彩的。华衣怒马，又名鲜衣怒马，指美服壮马，服饰豪奢。本局红方第1回合，车五退一，控制河沿，不让黑飞高象布成和棋局势。第6回合，车六进五，有力地禁

第 452 局　野马跧田

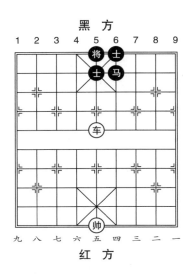

 赏析

跧，一足行走，单腿转动，现指折回，旋转。本局红方车将黑马赶至无士的一边，取胜。

1. 车五平八　将5平4
2. 车八平六　将4平5
3. 车六进二　马6退8
4. 车六平八　将5平4
5. 车八进二　将4进1
6. 车八退三　将4退1
7. 车八平六　将4平5
8. 帅五平六　马8进6
9. 车六平四　马6退8
10. 车四平八　士5退4
11. 车八进三　士6进5
12. 帅六平五　马8进6
13. 车八退三　马6进8
14. 车八平二　马8退6
15. 帅五进一　将5平6
16. 车二平四　士5进4
17. 帅五平四　将6平5
18. 车四进二　士4进5
19. 车四平一　将5平4
20. 帅四平五　士5进6
21. 车一进一　将4进1
22. 帅五平六　将4平5
23. 车一平六　将5平6
24. 车六退二　士6退5
25. 车六进一　将6进1
26. 车六平五　（红胜）

注：本局又称山后马，是古今名局。

第 453 局 变生肘腋

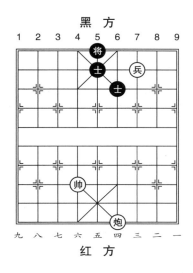

事变就发生在身边。本局红方运用顿挫、泰山压顶的战术,最终炮、兵破双士,取胜。

1. 兵三平四　士5进4
2. 炮四平六　士4退5
3. 帅六退一　士5进4
4. 炮六进七　将5平4
5. 炮六进一　将4平5
6. 炮六平八　士6退5
7. 帅六平五　将5平4
8. 兵四平五　（红胜）

 赏析

肘腋,胳膊窝。祸生肘腋,比喻

第 454 局　计罗并照（乙）

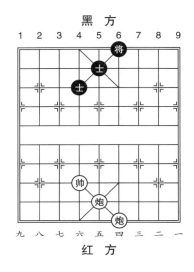

罗并照，计谋于罗网并施的意思。本局红方双炮必胜双士。

1. 炮五平四　将6平5
2. 帅六平五　将5平4
3. 前炮平六　将4平5
4. 炮六进三　将5平6
5. 炮六平五　将6进1
6. 炮五平四　（红胜）

注：本局与第 28 局同名，本局是重炮杀，第 28 局是双将杀。

赏析

照，依照，按照，照章办事。计

第 455 局 孤生无倚

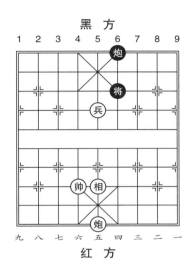

仗。本局红方兑炮,以兵取胜。

1. 炮五平一　将6退1
2. 炮一进二　将6进1
3. 相五进三　将6退1
4. 帅六平五　将6进1
5. 炮一平四　炮6进7
6. 兵五平四　将6退1
7. 帅五平四　将6平5
8. 兵四进一　将5平4
9. 兵四平五　将4退1
10. 兵五进一　（红胜）

赏析

孤生,孤独的人。倚,倚靠,仰

第456局 国士无双

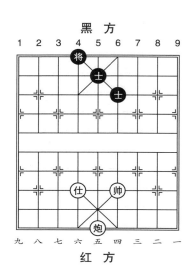

 **赏析**

国士，国中杰出的人物。无双，独一无二，同时代风云人物，出类拔萃，仅此一人。国士无双，一国独一无二的人才。本局红方炮禁士，取胜。

1. 炮五平六　将4平5
2. 帅四平五　将5平6
3. 炮六进一　将6平5
4. 仕六退五　将5平4
5. 炮六退一　将4平5
6. 帅五平六　将5平6
7. 仕五进四　将6平5
8. 炮六平四　将5平6
9. 帅六平五　将6平5
10. 炮四进七　将5平4
11. 炮四平一　将4进1
12. 炮一退七　将4退1
13. 炮一平六　将4进1
14. 仕四退五　将4退1
15. 仕五进六　将4平5
16. 炮六平五　将5平4
17. 炮五进八　将4平5
18. 仕六退五　将5平4
19. 炮五平四　将4进1
20. 炮四退八　将4进1
21. 炮四平六　将4退1
22. 仕五进六　（红胜）

第 457 局　送往迎来（乙）

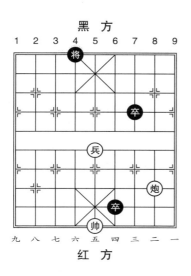

送往迎来，走的欢送，来的欢迎，形容忙于交际应酬。《庄子·山木》：其送往而迎来，来者勿禁，往者勿止。本局红方炮打双卒，取胜。

1. 兵五进一　将4平5
2. 炮二平五　将5平6
3. 兵五平四　将6平5
4. 帅五平六　卒6平5
5. 炮五进五　将5进1
6. 炮五平三　将5退1
7. 兵四进一　卒7进1
8. 兵四平三　卒7进1
9. 炮三退三　将5进1
10. 兵三平四　将5退1
11. 兵四进一　将5进1
12. 炮三平七　卒5平6
13. 炮七退三　卒6平5
14. 炮七平八　卒5进1
15. 帅六进一　卒5平6
16. 炮八退一　卒6平5
17. 炮八平七　卒5平6
18. 帅六退一　卒6平7
19. 炮七平三　将5退1
20. 兵四进一　（红胜）

注：本局与第176局同名。

第458局　顾此失彼

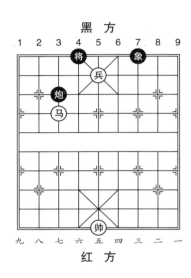

**赏析**

彼，那个。顾此失彼，顾了这个，丢了那个，形容不能全面照顾。本局黑方单炮孤象难以抵御红方马、兵联攻。

（一）

1. 帅五进一　象7进9
2. 马七退六　象9退7
3. 马六进五　炮3退2
4. 兵五平六　将4平5
5. 帅五平四　炮3进5
6. 马五进七　炮3平6
7. 兵六平五　将5平6
8. 马七退五　炮6退2
9. 马五进四　炮6平4
10. 帅四平五　炮4退1
11. 马四退三　炮4平7
12. 帅五进一　象7进5
13. 马三进五　炮7平6
14. 马五退四　炮6进1
15. 帅五退一　炮6平5
16. 马四进三　（红胜）

（二）

1. 帅五平四　象7进9
2. 马七退六　象9退7
3. 马六进五　炮3退2
4. 兵五平六　将4平5
5. 马五进七　炮3进1
6. 兵六平七　将5平4
7. 马七退六　将4平5
8. 兵七平六　象7进9
9. 马六进七　象9退7
10. 兵六进一　（红胜）

注：变化（一）为原谱。变化（二）更加简洁、高效。

第459局 单驹随牝

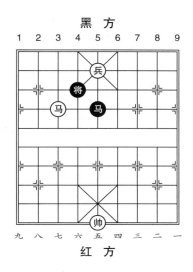

 赏析

驹，少壮的骏马。牝，雌性的鸟兽。单驹随牝，最著名的典故，当属李光弼巧施计策。唐朝安史之乱，唐军大将李光弼与叛军史思明在河阳对峙，史思明为显示自己兵强马壮，每天都将战马放在河南边洗马，李光弼挑选母马到河边，因母马都有马驹在城内，母马不断嘶鸣，史思明的战马听到嘶鸣，渡河到了唐军大营。李光弼由此获得大批战马。本局黑方马不如炮，单马难以守和红方马、兵联攻。

1. 马七进八　　将4平5
2. 兵五平四　　将5平6
3. 马八退六　　马5进4
4. 兵四平三　　马4退5
5. 帅五进一　　马5退3
6. 马六进五　　马3退5
7. 帅五退一　　（红胜）

第460局 赶虎出穴

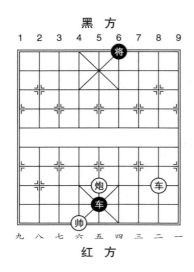

炮先夺取中路，最终以海底捞月杀，取胜。

1. 车二进七　将6进1
2. 车二退一　将6退1
3. 车二平五　车5平6
4. 帅六平五　车6退5
5. 炮五平三　车6平7
6. 车五退六　车7平6
7. 车五进七　将6进1
8. 炮三进七　车6进2
9. 炮三平四　车6平2
10. 车五退四　车2退3
11. 车五平四　车2平6
12. 炮四退二　将6退1
13. 炮四平三　（红胜）

赏析

穴，动物的巢穴。本局红方车、

第461局 三辰不轨

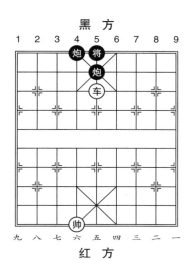

1.	帅六进一	炮4进1
2.	车五平七	炮4退1
4.	车七进二	炮4退4
5.	车七退一	炮5进1
6.	车七退一	炮5退1
7.	车七平六	炮4平3
8.	帅五平六	炮5平8
9.	车六进二	将5进1
10.	车六平七	炮8进1
11.	车七退三	将5平6
12.	车七平五	炮8退2
13.	帅六平五	炮8平6
14.	车五进三	炮6平9
15.	车五平一	将6进1
16.	车一平四	（红胜）

 **赏析**

　　三辰，指日、月、星。轨，应遵循的规则。本局红方车捉炮，取胜。

第462局 一恸而绝

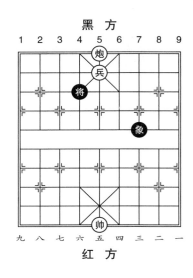

2. 炮八平四　象5退7
3. 炮四平五　象7进9
4. 炮五平九　象9退7
5. 炮九退二　象7进5
6. 炮九平五　（红胜）

（二）

1. 帅五进一　象7退9
2. 炮五平八　象9退7
3. 炮八退二　象7进5
4. 炮八平五　（红胜）

注：炮、低兵对单象，可胜可和，如黑将在底线，和局。此局黑将在宫顶，成为红方炮架，必失黑象，欠行告负。变化（一）为原谱。变化（二）更加简洁、高效。

赏析

一恸而绝，因悲哀过度而昏厥。本局红方炮打象，取胜。

（一）

1. 炮五平八　象7退5

第463局 填塞道路

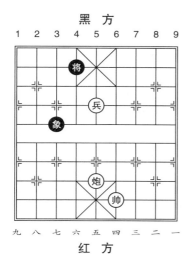

战术，禁黑将、象，取胜。

1. 炮五平八　将4平5
2. 兵五平六　象3退1
3. 兵六进一　象1进3
4. 炮八进四　将5退1
5. 炮八平六　将5进1
6. 帅四退一　将5退1
7. 兵六进一　象3退1
8. 炮六平八　象1退3
9. 炮八进二　（红胜）

赏析

填塞，堵塞。本局红方运用堵塞

第464局 侵害边卒

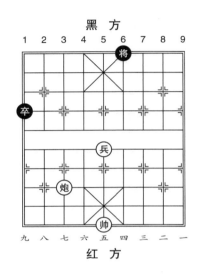

再运炮脑后摘瓜，打死卒，取胜。

1. 兵五进一　将6平5
2. 炮七平五　将5平4
3. 炮五平四　将4平5
4. 炮四进三　将5进1
5. 帅五平六　将5退1
6. 兵五平六　将5进1
7. 兵六平七　将5退1
8. 兵七平八　将5进1
9. 炮四进二　将5进1
10. 炮四平三　将5退1
11. 炮三平九　将5进1
12. 兵八进一　卒1进1
13. 兵八平九　将5退1
14. 炮九退二　（红胜）

 **赏析**

侵害，侵入而损害。边卒，守边的军士。本局红方先平兵锁住黑边卒，

第 465 局 一木难支

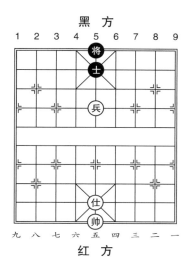

一根木头能够支撑得住的，比喻一个人力量薄弱，维持不住全局。本局红方高兵破士，取胜。

1. 兵五进一　士 5 退 4
2. 兵五平四　士 4 进 5
3. 兵四进一　士 5 进 6
4. 帅五平六　士 6 退 5
5. 仕五进四　士 5 进 6
6. 帅六进一　士 6 退 5
7. 帅六平五　将 5 平 4
8. 兵四平五　（红胜）

 赏析

一木难支，大楼将要倒塌，不是

第466局 士孤将寡

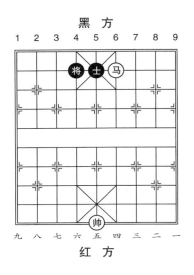

本局红方单马必胜单士,先擒士后禁将,取胜。

1. 马四退五　将4进1
2. 马五进三　士5进6
3. 马三退四　士6退5
4. 马四进六　士5退4
5. 马六进八　士4进5
6. 马八进七　将4退1
7. 马七退五　将4退1
8. 马五退七　将4进1
9. 马七进八　将4退1
10. 帅五进一　（红胜）

注：取胜的口诀是马五三四六八七五,七步擒士,获胜。

 **赏析**

士孤将寡,无依无靠,势单力薄。

第 467 局　七擒七纵

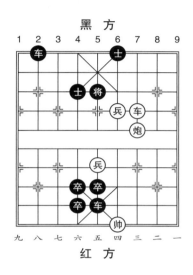

赏析

七擒七纵，指运用策略，使对方心服归顺自己。三国时期，蜀国丞相诸葛亮为巩固后方，率领军队南征，七擒七纵南方蛮族首领孟获，孟获终于顺服蜀汉，服从管辖。本局是车、炮、双兵对双车、三卒的典型棋局。

（一）

1. 兵四进一　将5退1
2. 兵四进一　将5退1
3. 车三平五　将5平4
4. 车五进三　将4进1
5. 炮三进三　士4退5
6. 兵四平五　将4进1
7. 车五平八　将4平5
8. 前兵平六　将5平4
9. 兵六平七　将4平5
10. 车八退二　将5退1
11. 车八退二　卒5平6
12. 车八平五　将5平6
13. 车五平四　将6平5
14. 车四退三　车5退2
15. 兵七平六　将5平4
16. 车四平六　将4平5
17. 车六退一　（和局）

（二）

1. 兵四进一　将5退1
2. 兵四进一　将5退1
3. 车三平五　将5平4
4. 车五进三　将4进1
5. 炮三进三　士4退5
6. 兵四平五　将4进1
7. 车五平八　将4平5
8. 前兵平六　将5平4
9. 兵六平七　将4平5

10. 车八退二　将5退1
11. 车八退二　卒5平6
12. 车八平五　将5平6
13. 车五平四　将6平5
14. 车四退三　车5退1
15. 车四进六　将5进1
16. 车四进一　车5平7
17. 车四平五　将5平4
18. 车五平四　将4平5
19. 车四退二　将5退1
20. 车四退一　将5进1
21. 车四进一　将5退1
22. 车四退一　将5进1
23. 兵七平六　车7进2
24. 帅四进一　车7退7
25. 炮三平一　后卒平5
26. 炮一退七　卒4进1
27. 炮一进五　车7进6
28. 帅四退一　卒4平5
29. 帅四平五　卒5进1
30. 帅五平四　车7进1

（黑胜）

注：变化（一）为原谱。变化（二）为第14回合，黑方选择最顽强的防守，车5退1，不吃红方中兵，保留己方4路黑卒，黑胜。

第468局　单马独还

赏析

单马独还，此局更应命名为单骑救主，主人陷于危难之中，部下单人独骑拯救主人。三国时期，刘备手下将军赵云，长坂坡单骑救主，万军丛中，怀揣后主刘禅，杀出重围。本局红方回马，保和局。

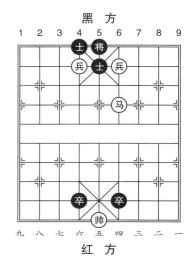

1. 马四退五　卒6平5
2. 帅五平四　卒4进1
3. 马五退四　（和局）

第 469 局　匹马平戎

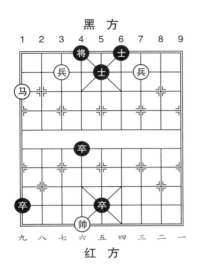

赏析

匹马，一匹马，常指单身一人。南宋陆游的《诉衷情·当年万里觅封侯》：当年万里觅封侯，匹马戍梁州。平，平定平息。胡，中国古代称东部、西部的民族。匹马平戎，历史上有名的典故当属郭子仪单骑平戎。唐朝安史之乱后，回纥与吐蕃大举入侵，郭子仪解甲卸装，单骑赴会，见回纥统帅。回纥将士有感郭子仪大义凛然、诚心和好，罢战退兵。本局红方退马，保和局。

（一）

1. 兵七进一　将4进1
2. 马九退七　将4进1
3. 马七退五　将4退1
4. 马五退四　卒5平6
5. 帅六平五　卒4进1
6. 马四退二　卒6平7
7. 帅五进一　（和局）

（二）

1. 马九退七　卒1平2
2. 兵七进一　将4平5
3. 马七进九　士5进4
4. 兵三平四　卒5进1
5. 帅六进一　卒2平3
6. 帅六进一　卒4进1
（黑胜）

注：变化（一）为原谱。变化（二）为红方参照以往的经验，试图取胜，黑方抢先一步，绝杀取胜。

第470局 公私安堵

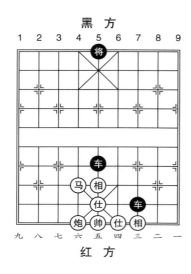

 赏析

公私，公方和私方。安堵，安定，安居。本局红方马、炮保和局。

1. 炮六平七　车7平6
2. 炮七进一　车5进1
3. 炮七平四　车5平4
4. 炮四进二　车4平7
5. 帅五平六　车7进2
6. 炮四平六　车7退3
7. 炮六退一　（和局）

注：红方形成炮、双仕官和单车。

第 471 局 藏锋敛锷

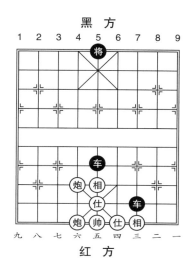

赏析

锷，剑刃。藏锋敛锷，比喻人不露锋芒。本局红方双炮保和局。

1. 后炮平七　车5平2
2. 炮七平六　车7平6
3. 后炮平七　车2进1
4. 炮七进一　车2进2
5. 炮七退一　车2退4
6. 炮七进一　车6退2
7. 炮七退一　车2平7

（和局）

第 472 局　中外乂安

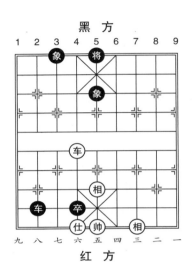

 赏析

乂安，又作艾安、平安。本局红方车保和局。

1. 车六进一　象5退7
2. 车六退一　卒4平3
3. 车六平七　卒3平4
4. 车七平六　（和局）

注：中外乂安，原谱有中外义安和中外又安，有误。乂安又作艾安、平安的意思。红方车常跟黑卒，和局。

第 473 局　盘石固守

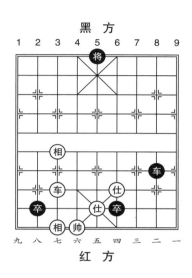

保和局。

1. 相七退九　车8进3
2. 帅六进一　车8退1
3. 车七平五　将5平6
4. 车五平七　车8退2
5. 帅六退一　车8平4
6. 帅六平五　车4平2
7. 车七进七　将6进1
8. 车七退七　将6平5
9. 车七平五　将5平6
10. 车五平七　车2平8
11. 帅五平六　（和局）

注：由于红方车固守七路要道，黑卒无法靠近4路，堵塞相眼，和局。

 赏析

盘，通磐，指大石。本局红方车

第474局 保卫一方

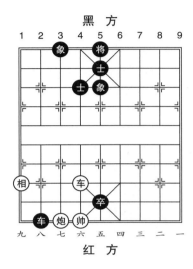

炮保和局。

1. 车六平五　车2退1
2. 车五平六　士5进6
3. 炮七进四　车2平3
4. 炮七平八　象5退7
5. 车六平五　将5平6
6. 车五平六　士6退5
7. 炮八退四　（和局）

注：红方车只要不离第三横线，黑车、卒就无法取胜。

赏析

一方，一带地方。本局红方车、

第 475 局　四方清晏

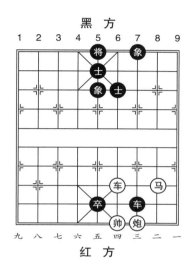

 **赏析**

四方，各处，天下，泛指东南西北四个方向。清晏，清平、安宁。本局红方车、马、炮保和局。

1. 车四平五　　车 7 退 5
2. 车五平四　　车 7 进 5
3. 车四平五　　车 7 退 4
4. 车五平四　　车 7 进 4
5. 车四平五　　象 5 退 3
6. 车五平四　　象 7 进 5

（和局）

第476局　一兵解危

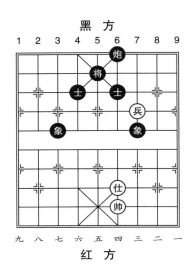

 赏析

解危，解除危难。本局红方兵保和局。

1. 兵三平二　　将5平6
2. 仕四退五　　象3退5
3. 兵二平三　　炮6平5
4. 兵三平二　　将6平5
5. 仕五进四　　（和局）

注：红方兵走闲着，只要不下黑方三线，此局和定。

第477局 三仙炼丹

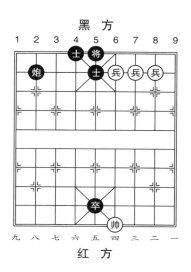

1. 兵二平一　士5进6
2. 兵一平二　士4进5
3. 兵二平一　将5平4
4. 兵一平二　将4进1
5. 兵三进一　将4退1
6. 兵四平三　将4进1
7. 前兵平二　将4进1
8. 前兵平三　将4平5
9. 前兵平二　士5进4
10. 前兵平三　士6退5
11. 前兵平二　炮2进3
12. 前兵平三　炮2平6
13. 后兵平四　将5平6
14. 兵二平三　炮6进4
15. 前兵平二　卒5进1
16. 帅四平五　炮6平2
17. 兵二平三　炮2退8
18. 前兵平四　士5退6
19. 兵四进一　士4退5
20. 兵三进一　将6退1
21. 帅五进一　（和局）

赏析

三仙，福禄寿三星为蓬莱仙人，列为三仙，或者指上清、玉清、太清三位神仙。炼丹，炼制外丹和内丹的通称，外丹术起源于黄老道，在丹炉中烧炼矿物以制造仙丹。三仙炼丹，象棋术语，它是对弈双方在细微处见功夫，练习短兵相接的步数棋。

第478局 虎溪三笑

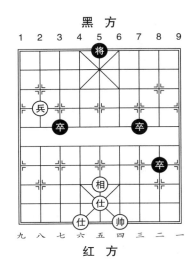

声，三人大笑而别。后人由此建三笑亭，还有对联："桥跨虎溪，三教三源流，三人三笑语；莲开僧舍，一花一世界，一叶一如来。"说明了佛、道、儒三教融和、合流。本局红方兵保持在黑卒林线四、五、六路活动，遮住帅门，红相走闲，即可保和局。

1. 兵八平七　卒8平7
2. 兵七平六　前卒平6
3. 兵六平五　卒7进1
4. 兵五平四　卒7平6
5. 帅四平五　后卒平5
6. 帅五平四　卒5进1
7. 相五退七　卒3进1
8. 兵四平五　卒3进1
9. 相七进九　卒3进1
10. 相九进七　卒3进1
11. 帅四平五　卒3平4
（和局）

注：黑方无法借将，难以取胜。和局。

 赏析

虎溪三笑，佛门传说，虎溪在庐山东林寺前，相传东晋高僧慧远居东林寺时，潜心佛法研究，送客不过溪，曾立下誓言："影不出户，迹不入俗，送客不过虎溪桥。"一日，诗人陶渊明和道士陆修静来访，三人谈得极为投契，相送时不觉过溪，但听闻虎啸

第479局 三军劫寨

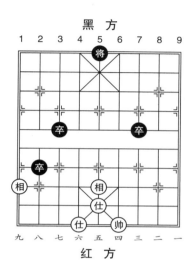

 **赏析**

三军，军队的通称，古代诸侯国的军队通常分为上、中、下三军，一军 12500 人，三军 37500 人。劫寨，袭击敌人的营寨。本局黑方巧渡河头卒，三卒胜仕相全。

（一）

1. 帅四平五　（和局）

（二）

1. 帅四平五　卒 2 平 3
2. 帅五平四　前卒平 4
3. 帅四平五　卒 4 平 5
4. 相九退七　卒 5 平 6
5. 帅五平四　卒 7 进 1
6. 帅四平五　卒 7 进 1
7. 帅五平四　卒 6 平 5
8. 帅四平五　卒 5 平 4
9. 相七进九　卒 4 平 3
10. 帅五平四　前卒平 2
11. 帅四平五　卒 7 平 6
12. 帅五平四　卒 6 平 5
13. 相九退七　卒 5 平 4
14. 帅四平五　卒 3 进 1
15. 帅五平四　卒 3 进 1
16. 帅四平五　卒 4 平 5
17. 帅五平四　卒 5 平 6
18. 帅四平五　卒 6 平 7
19. 帅五平四　卒 3 平 4
20. 帅四平五　卒 4 平 5
21. 帅五平四　卒 2 平 3
22. 帅四平五　卒 3 进 1
23. 帅五平四　卒 3 进 1
24. 帅四平五　卒 3 平 4
25. 相五进七　卒 5 平 6

26. 相七退五　卒7进1
27. 帅五平四　卒6进1
28. 相五进七　将5平6
29. 相七退五　卒6进1
30. 帅四平五　卒7进1
31. 相七进九　卒6平5
32. 仕六进五　卒7平6
33. 仕五进四　将6平5
34. 相九退七　将5平4
35. 仕四退五　卒4平5
（黑胜）

注：变化（一）为原谱，仅有第1回合，帅四平五，和局。认为红方双相守住河口，黑双卒无法渡河，有误。因红中相无法走动，黑卒可以从容塞住红相相眼，逐一过卒。三高卒必胜仕相全，和局不成立。变化（二）为黑方选择最佳的变化，黑胜。

第 480 局　三顾草庐

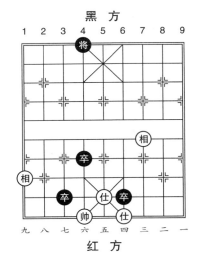

出山共事。诸葛亮辅佐刘备建立蜀汉政权，担任蜀国丞相。诸葛亮的《出师表》：先帝不以臣卑鄙，猥自枉屈，三顾臣于草庐之中。本局黑双卒下至红下二路，4路卒不能直进，红方只需相走闲着，即可和局。

1. 相三退五　将4平5
2. 相九进七　卒4平5
3. 仕五进四　将5进1
4. 仕四退五　卒5平4
5. 相七退九　将5平6

（和局）

三顾草庐，东汉末年，军阀混战，刘备曾三次到南阳卧龙岗访请诸葛亮

注：本局与第479局不同，虽然也是三卒，但黑二低卒，无法钳制红帅肋道，和局。

第 481 局　众寡不敌

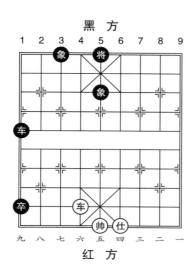

 **赏析**

众，多。寡，少。敌，抵挡。众寡不敌，人少的一方无法战胜人多的一方。本局红方车保和局，红车跟住黑卒，黑方无法取胜。

（一）

1. 仕四进五　象5退7
2. 帅五平六　车1进1
3. 车六进八　将5进1
4. 车六退八　卒1进1
5. 仕五进四　车1进2
6. 车六平五　象3进5
7. 车五进三　（和局）

（二）

1. 仕四进五　卒1进1
2. 车六进三　车1平5
3. 车六退四　象5退7
4. 车六平九　车5进4
5. 帅五平四　车5退2
6. 车九进一　（和局）

第 482 局　保障若石

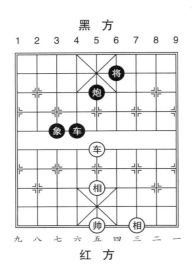

赏析

保障，保护（权利、生命、财产等），使不受侵害。石，坚固。本局黑方车、炮、象胜红方车、双相。

1. 车五进二　（和局）

（二）

1. 车五进二　将6平5
2. 相三进一　将5平4
3. 相一进三　车4平6
4. 相三退一　车6退1
5. 车五退一　炮5进1
6. 相一进三　象3退5
7. 相三退一　象5退7
8. 相一进三　炮5退1
9. 车五退二　车6进2
10. 车五进三　将4平5
11. 相三退一　车6平9
12. 相一退三　车9平2
13. 相三进一　车2进4
14. 帅五进一　车2退6
15. 车五退三　车2平9
16. 相一进三　车9平7
17. 帅五平四　车7平6
18. 帅四平五　车6进2
19. 相三退一　车6平9
20. 相一退三　车9平7
21. 帅五平六　车7平4
22. 帅六平五　车4进2
23. 车五进三　将5平4
24. 帅五平四　车4进1
25. 帅四进一　车4进1
26. 帅四退一　车4平7
27. 车五退二　将4平5
28. 相五进七　车7退5

29. 车五平四　车7平5
30. 帅四退一　炮5进1
31. 帅四进一　象7进5
32. 帅四退一　象5进3
33. 相七退九　炮5退1
34. 帅四进一　炮5平3
35. 车四进四　将5退1
36. 车四退四　车5进4
37. 帅四退一　车5退1

（黑胜）

（三）

1. 车五进二　将6平5
2. 相三进一　将5平4
3. 相一进三　车4平6
4. 相三退一　车6退1
5. 车五退一　炮5进1
6. 相一进三　象3退5
7. 相三退一　象5退7
8. 相一进三　炮5退1
9. 车五退二　车6进2
10. 车五进三　将4平5
11. 相三退一　车6平9
12. 相一退三　车9平2
13. 相三进一　车2进4
14. 帅五退一　车2退6
15. 车五退三　车2平9
16. 相一进三　车9平7
17. 帅五平四　车7平6
18. 帅四平五　车6进2
19. 相三退一　车6平9
20. 相一退三　车9平7
21. 帅五平六　车7平4
22. 帅六平五　车4进2
23. 车五进三　将5平4
24. 帅五平四　车4进1
25. 帅四进一　车4进1
26. 帅四退一　车4平7
27. 车五退二　将4平5
28. 相五进七　车7退5
29. 车五平四　车7平5
30. 帅四退一　炮5进1
31. 帅四进一　象7进5
32. 帅四退一　象5进3
33. 相七退九　炮5退1
34. 车四退二　炮5平3
35. 帅四进一　车5退1
36. 帅四退一　炮3平9
37. 帅四进一　炮9进7
38. 相九进七　车5平3
39. 车四平五　将5平4
40. 帅四平五　车3平4
41. 车五进三　炮9退7

（黑胜）

注：变化（一）为原谱，仅有第1回合，车五进二，和局。有误。参见变化（二）～（三）。变化（二）～（三）为黑方选择最佳的变化，黑胜。两者的不同在于第34回合，针对红方的两种选择，黑方积极应对。

第483局 保障坚牢

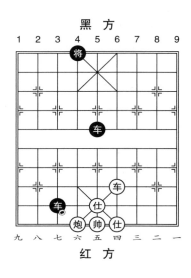

 赏析

保障，特指供防御戍守的军事建筑物。坚牢，坚固，结实。本局红方各子已归位，黑方双车无机可乘。

1. 车四平三　将4平5
2. 车三进七　将5进1
3. 车三平六　车3退2
4. 车六平四　车3平4
5. 车四平二　车5进1
（和局）

第 484 局　化蛇当道

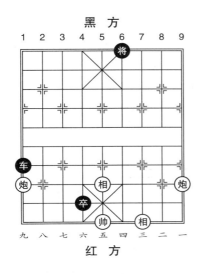

义，建立大汉王朝的典故。西汉司马迁的《史记·高祖本纪》：吾子，白帝子也，化为蛇，当道，今为赤帝子斩之。本局红方以担子炮长拦，黑车、卒无法取胜。

1. 炮一平二　将6平5
2. 炮二平四　车1平8
3. 炮四平二　车8平7
4. 炮二平三　车7退3
5. 炮九平八　将5平4
（和局）

 赏析

化蛇当道，汉高祖刘邦斩白蛇起

第485局 三家鼎立

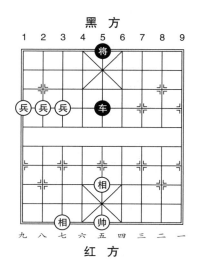

赏析

鼎,古代的一种物品,三足共同支撑一个整体,而三足站立又是稳固的象征,鼎立有三家对立的意思。三家鼎立,最有名的是东汉末年,曹操、刘备、孙权三家,分别建立魏、蜀、吴三国。本局红方三兵并联,双相连环,红帅可走闲着,官和。

1. 帅五平四　车5平9
2. 相七进九　车9进6
3. 帅四进一　车9退9
4. 帅四退一　车9平6
5. 帅四平五　车6平8
6. 帅五平四　车8进9
7. 帅四进一　（和局）

第 486 局　扣马苦谏

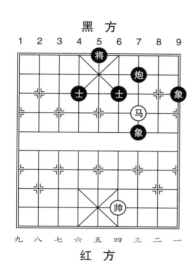

 赏析

扣马，拉住马不使行进，后人以扣马为直谏之典。苦谏，苦心竭力地规劝。本局红方马防黑炮照将，帅走闲着，和局。

1. 帅四退一　炮7退1
2. 马三进二　炮7进1
3. 马二退三　炮7退1
4. 马三进二　炮7进1
5. 马二退三（和局）

第 487 局　平定中原

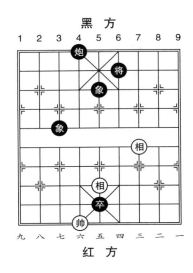

至中的原野，又称中土、中州、华夏，是指洛阳至开封一带为中心的黄河中下游地区，狭义指今天的河南省，广义指中国。本局红方双相走闲着，保和局。

1. 相三退一　炮 4 平 9
2. 相一进三　将 6 平 5
3. 相三退一　将 5 退 1
4. 相一进三　炮 9 进 1
5. 相三退一　炮 9 平 5
6. 相一进三　炮 5 平 8
   （和局）

平定，平息。中原，本意是天下

第 488 局　全师保安

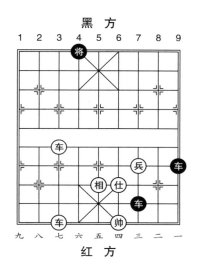

全师，保全军队，使无损伤。

《后汉书·董卓传》：时，众军败退，唯卓全师而还。保安，保护地方的安宁。本局红方车藏相后，暗伏解将还将。黑车吃兵，兑车，和局。

1. 前车平六　将4平5
2. 车七平五　车7退2
3. 相五退三　车7平5
4. 车五进三　车9平5
5. 车六平四　车5进3
6. 帅四进一　车5平7
7. 车四平五　将5平4
8. 帅四平五　车7平4
   （和局）

第489局 本固邦宁

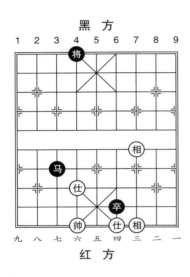

本固邦宁，指人民安居乐业则国家太平。本局黑方马、兵难破仕相全。

（一）

1. 相三进一（和局）

（二）

1. 相三进一　卒6进1
2. 相一退三　卒6平7

3. 相三退一　卒7平6
4. 相一进三　马3退5
5. 相三退五　马5进7
6. 相五进三　将4进1
7. 帅六进一　卒6平5
8. 帅六平五　卒5平4
9. 相三退五　将4平5
10. 帅五平六　马7进5
11. 仕六退五　卒4平3
12. 仕五进四　马5进6
13. 帅六进一　马6退8
14. 仕四退五　马8退9
15. 仕五进四　马9退7
16. 仕四退五　马7进8
17. 仕五进四　马8退6
18. 帅六退一　将5退1
19. 仕四退五　马6进5
20. 帅六进一　马5退6
21. 帅六退一　将5进1
（黑胜）

（三）

1. 相三进一　卒6进1
2. 相一退三　卒6平7
3. 相三退一　卒7平6
4. 相一进三　马3退5

5. 相三退五　马5进7
6. 相五进七　马7进6
7. 帅六进一　马6退5
8. 相七退五　马5进3
9. 帅六平五　马3退4
10. 相五进七　马4进6
11. 帅五平六　将4进1
12. 相七退九　马6退7
13. 帅六平五　马7进5
14. 相九进七　将4平5
15. 帅五进一　将5平6
16. 仕六退五　卒6平5
17. 仕五进六　马5进3
18. 帅五退一　卒5平4
19. 相七退五　将6平5
20. 帅五平四　马3进5
21. 帅四平五　将5进1
22. 帅五平六　马5退4
23. 仕六退五　卒4平5
24. 仕五进六　马4进6
25. 仕六退五　马6进5
26. 帅六进一　马5退6
27. 帅六退一　将5退1
（黑胜）

（四）

1. 相三进一　卒6进1
2. 相一退三　卒6平7
3. 相三退一　卒7平6
4. 相一进三　马3退5
5. 相三退五　马5进7

6. 相五退七　将4进1
7. 帅六进一　马7退5
8. 帅六平五　将4平5
9. 帅五进一　将5平6
10. 帅五退一　马5进3
11. 相七进五　将6平5
12. 帅五平四　马3进5
13. 帅四平五　将5进1
14. 帅五平四　马5退4
15. 帅四退一　马4进6
16. 仕六退五　马6退5
17. 帅四平五　将5退1
18. 帅五平六　马5退3
19. 帅六进一　马3进2
20. 帅六退一　将5进1
（黑胜）

（五）

1. 帅六平五　将4进1
2. 仕四进五　将4进1
3. 相三进一　马3进1
4. 仕五进四　马1进3
5. 帅五平六　（和局）

注：变化（一）为原谱，仅有第1回合，相三进一，和局。因黑卒可以先吃仕，再吃相，黑方马、卒可胜单仕、相，和局不成立。变化（二）～（四）分别进行演变，第6回合，红方选择相五进三、相五进七和相五退七的演变，黑胜。变化（五）为第1回合，红方选择最佳的变化，帅六平五，和局。

第490局 保国宁家

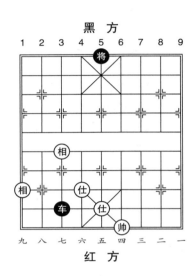

2. 帅四退一　车3平6
3. 帅四平五　车6进1
4. 帅五平六　车6平8
5. 帅六进一　车8进2
6. 相七退五　车8平1
7. 相九进七　将5平4
8. 仕五进四　车1退1
9. 帅六退一　车1平6
10. 仕四退五　车6平5
（黑胜）

赏析

宁，平安，安定。宁家，使家庭安定。本局红方仕相全，和局。

（一）

1. 帅四进一（和局）

（二）

1. 帅四进一　车3退2

（三）

1. 相七退五　车3平2
2. 帅四平五　将5进1
3. 帅五平四　车2退2
4. 相九退七　车2平8
5. 帅四平五　将5平6
6. 仕五退四　车8进3
7. 仕六退五　（和局）

注：变化（一）为原谱，仅有第1回合，帅四进一，和局。有误，不成立。变化（二）为黑方选择最佳的变化，黑胜。变化（三）为第1回合，红方选择最佳的变化，相七退五，和局。

第491局 凭险自固

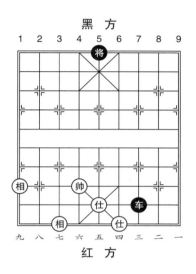

 赏析

凭险，凭据险要的地势。自固，巩固自身的地位，确保自己的安全。本局红方仕相全，和局。

1. 帅六退一　车7退3
2. 帅六退一　车7平5
3. 帅六进一　车5平4
4. 仕五进六　将5平4
5. 仕四进五　车4平2
6. 帅六退一　（和局）

第 492 局　仗剑鞭马

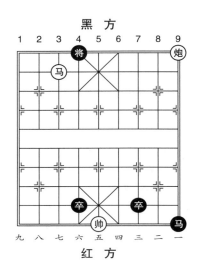

赏析

仗剑，持剑。西汉司马迁的《史记·淮阴侯列传》：及项梁渡淮，信仗剑从之。鞭马，策马扬鞭，举起马鞭驱赶马，驱使马快速奔跑。本局红方马、炮联攻，最终以马后炮绝杀取胜。

（一）

1. 炮一退八　（和局）

（二）

1. 炮一退八　卒7进1
2. 炮一平四　马9退8
3. 炮四进三　马8退7
4. 炮四退三　马7进5
5. 炮四平三　马5进3
6. 马七退五　将4平5
7. 炮三平五　卒4平5
（黑胜）

（三）

1. 马七进五　将4进1
2. 马五退四　将4退1
3. 马四进二　将4进1
4. 炮一退一　将4进1
5. 马二退三　卒4进1
6. 帅五进一　卒7平6
7. 帅五进一　马9退7
8. 马三进四　（红胜）

注：变化（一）为原谱，仅有第1回合，炮一退八，和局。有误，参见变化（二）。变化（二）为第1回合，黑方选择最佳的变化，卒7进1，黑胜。变化（三）为第1回合，红方选择最佳的变化，马七进五，进马照将，红胜。

第 493 局　控马避敌

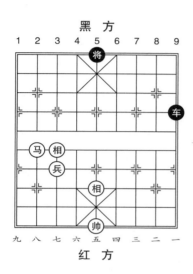

 赏析

控马，驾驭马匹，骑马。本局红方马、兵、双相连环防御，黑车无法攻破，和局。

1. 马八退九　车9进3
2. 帅五平六　车9进3
3. 帅六进一　车9退1
4. 帅六退一　车9平8
5. 帅六平五　车8平2
6. 帅五平六　（和局）

第494局　三出祁山

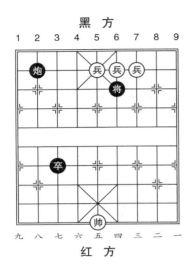

祁山，位于甘肃省礼县东部的祁山镇附近，扼守陇西古道，是蜀地通往关中的必经之地。四大名著《三国演义》描述，三国时期，蜀汉丞相诸葛亮出兵北伐曹魏，其中三出祁山时，诸葛亮先攻取武都和阴平，与司马懿交战，取胜后，收兵回汉中。本局红方三兵并列，一兵可走闲着。红帅占据中路，控制黑将，使之不能露将助攻，和局。

1. 兵三平二　　卒3平4
2. 兵二平三　　炮2进4
3. 兵三平二　　炮2平5
4. 兵二平三　　卒4平5
5. 帅五平六　　将6平5
6. 兵三平二　　卒5平4
7. 帅六平五　　卒4平5
8. 帅五平六　　炮5平4
9. 帅六平五　　（和局）

第 495 局　士而怀居

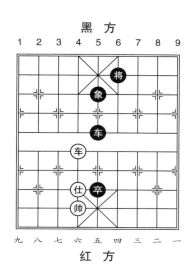

 赏析

士，古代统治阶级中仅次于卿大夫的一个阶层。怀，想念，怀念。居，住所，住宅。士而怀居，如果留念居所的安逸生活，就不配称作士了。《论语·宪问》："子曰：士而怀居，不足以为士矣。"本局黑方先兑车，再以黑卒破仕，取胜。

（一）

1. 车六进二　（和局）

（二）

1. 车六进二　将6平5
2. 车六退二　车5平2
3. 车六进二　车2退3
4. 车六退三　车2平4
5. 车六进五　将5平4
6. 帅六退一　卒5进1

（黑胜）

注：变化（一）为原谱，仅有第1回合，车六进二，和局。有误，由于黑方有象掩护黑将平中，再借将力兑车，红方难以谋和。变化（二）为黑方选择最佳的变化，黑胜。

第 496 局　士马疲劳

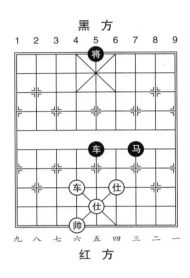

 赏析

士马，兵马，引申为军队。本局黑方车、马无士、象，难胜车、双仕，红方防御的要点是以车拦马，和局。

1. 车六进三　车 5 平 3
2. 车六进四　将 5 进 1
3. 车六退七　车 3 进 4
4. 帅六进一　车 3 退 5
5. 帅六退一　车 3 进 2
   （和局）

第 497 局　三镇连兵

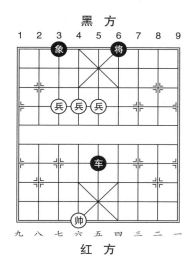

别为范阳节度使、成德节度使、魏博节度使，是三个藩镇割据势力。连兵，联合兵力，集结军队。三镇连兵，象棋专业术语，红兵遮头，三兵并联，有闲着可走，黑方单车难以成杀，官和。

1. 兵七平八　　将6平5
2. 兵八平七　　车5进1
3. 帅六进一　　车5进2
4. 帅六进一　　车5退1
5. 兵五平四　　（和局）

 赏析

三镇，唐朝末年有河朔三镇，分

第498局 努力固守

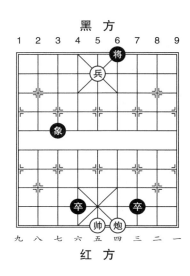

 **赏析**

固守，坚守，保卫和防守得非常坚固。本局红方炮不离四路，封住黑方7路卒，红兵五平六，兵六平五走闲着，黑方无法取胜，和局。

1. 兵五平六　　将6进1
2. 兵六平五　　将6进1
3. 兵五平六　　象3退1
4. 兵六平五　　（和局）

第 499 局　固兵保全

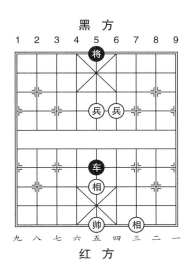

 赏析

保全，保护使不受损害。本局红方双兵过河并联，遮住将路，红帅可走闲着，官和。

1. 帅五进一　　车 5 平 1
2. 相三进一　　车 1 进 2
3. 帅五退一　　车 1 平 2
4. 相一退三　　车 2 进 1
5. 帅五进一　　将 5 进 1
6. 相三进一　　（和局）

第500局 士兵连结

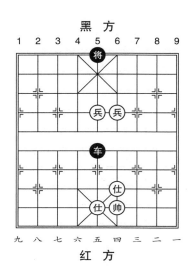

 **赏析**

连结，衔接，连接。本局红方双兵过河并联一起，遮住将路，黑车难以攻破红双仕，和局。

1. 帅四退一　车5平9
2. 帅四平五　车9退2
3. 帅五平六　车9进6
4. 帅六进一　（和局）

第 501 局 边城隔虏

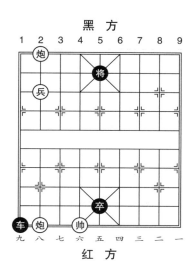

 赏析

边，国家或地区的交界处。虏，中国古代对北方外族的贬称。本局黑方车被红双炮、兵的联防拦截于边线，巧和。

1. 前炮退一　将5进1
2. 前炮进一　车1退8
3. 前炮退一　车1进7
4. 后炮进一　车1进1
5. 后炮退一　将5退1
6. 前炮进一　（和局）

第 502 局　兵马徒劳

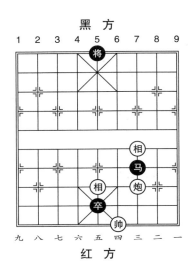

 赏析

兵马，士兵和军马，泛指军队。徒劳，空自劳苦，自费心力。本局红方炮拦马，相走闲着，黑马、卒徒劳，无法取胜。

1. 相五退七　马7退5
2. 相七进五　将5进1
3. 炮三平一　将5平4
4. 炮一平三　马5退4
5. 炮三平四　将4平5
6. 炮四平三　（和局）

第 503 局 只马当士

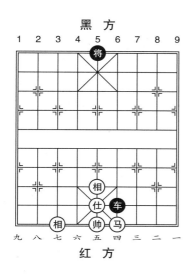

 赏析

只,单一。本局红方马当仕,黑车难胜。

1. 相七进九　车 6 平 7
2. 相九退七　将 5 进 1
3. 相七进九　车 7 平 6
4. 相九退七　将 5 进 1
5. 相七进九　车 6 平 7
6. 相九退七　（和局）

第504局　只马当相

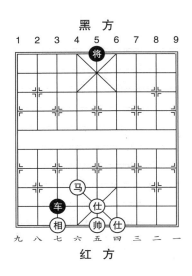

赏析

只，单一。本局红方马保相，仕保马，帅走闲着，黑方难胜。

1. 帅五平六　　车3平1
2. 仕五进四　　车1退2
3. 仕四退五　　车1平5
4. 帅六平五　　车5退5
5. 马六进七　　车5平1
6. 帅五平六　　（和局）

第505局 士卒离心

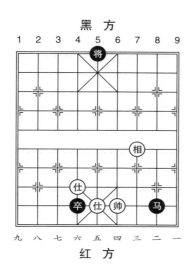

🟠（一）🟠

1. 仕五退四 （和局）

🟠（二）🟠

1. 仕五退四　马8退7
2. 帅四进一　马7退5
3. 帅四平五　将5平6
4. 仕六退五　马5进3
5. 帅五平六　卒4平3
6. 相三退一　将6平5
7. 相一进三　马3退2
8. 相三退五　马2进4
9. 相五进七　马4进6
（黑胜）

注：变化（一）为原谱，仅有第1回合，仕五退四，和局。有误，参见变化（二）。变化（二）为黑方选择最佳的变化，黑胜。

赏析

士卒，甲士和步卒，泛指士兵。离心，不同心，不团结。本局黑方马、兵巧胜双仕、相。

第 506 局　休士息马

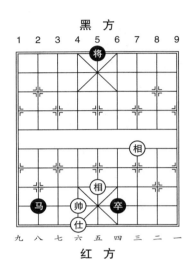

赏析

休士，使士卒休息。息马，放马，使马休息。本局红方双相、仕对黑方马、卒，双相连环，不离中线，仕在底部，形成太公坐椅，巧和。

（一）

1. 相三退一　（和局）

（二）

1. 相三退一　马2退3
2. 帅六进一　马3进5
3. 帅六退一　将5进1
4. 相一退三　马5进7
5. 帅六进一　卒6进1
6. 帅六退一　卒6平7
7. 仕六进五　马7退6
8. 仕五进四　卒7平6
9. 帅六退一　卒6平5
10. 帅六进一　将5进1
11. 仕四退五　马6进5
12. 帅六进一　马5退6
13. 帅六退一　将5退1

（黑胜）

（三）

1. 相五进七　马2退3
2. 帅六进一　马3退5
3. 帅六退一　马5进6
4. 相七退五　马6退5
5. 相五进七　（和局）

注：变化（一）为原谱，仅有第1回合，相三退一，和局。有误，相落边，没有中线连环，给予黑方可乘之机，不成立。变化（二）为黑方选择最佳的变化，黑胜。变化（三）为第1回合，红方选择最佳的变化，相五进七，和局。

第 507 局　影不离形

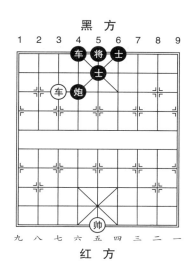

 **赏析**

影不离形，形影不离，比喻关系密切。本局黑方炮被红车常跟，无法摆脱，和局。

1. 帅五进一　炮4进5
2. 车七退五　炮4退6
3. 车七进六　炮4进8
4. 车七退八　炮4退3
5. 车七进三　（和局）

第508局 驽马困厩

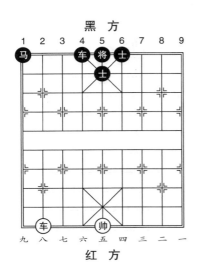

（一）

1. 车八进八　车4平3
2. 车八退三　马1进3
3. 车八平七　（和局）

（二）

1. 车八进八　车4平3
2. 车八退三　将5平4
3. 车八平六　将4平5
4. 车六平八　（和局）

注：变化（二）为红车一将一闲，和局。

赏析

驽马，资质较差，不出众的马。厩，马棚，也指牲口棚。本局黑方各子位置不佳，红车控制马路，困马于边角，巧和。

第509局 守正嫉邪

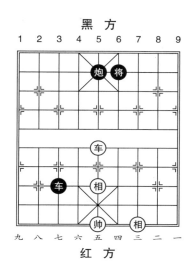

 **赏析**

守正，恪守正道。嫉邪，憎恨邪恶。本局黑方炮虽已拴住红车，但无黑象遮头掩护，和局。

1. 帅五平六　车3平4
2. 帅六平五　车4平2
3. 帅五平六　车2进2
4. 帅六进一　车2平6
5. 车五进三　（和局）

第510局 内外俱安

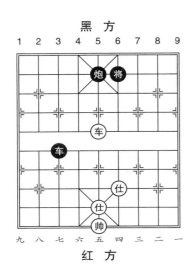

 赏析

内外，内部和外部，里面和外面。俱，全，都。安，安稳，安定，安全。本局黑方无士，缺炮架，也无法破红仕，难以成杀，和局。

1. 帅五平四　车3进4
2. 帅四进一　车3退7
3. 帅四退一　炮5进1
4. 仕五退六　将6平5
5. 仕六进五　（和局）

第 511 局　单车肘士

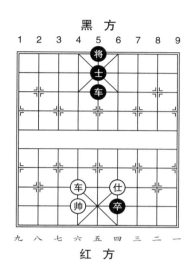

和车、低卒的最常见、最实用的基本定式，术语称单车保剑。

1. 帅六退一　车5平2
2. 帅六进一　车2进6
3. 帅六退一　车2平3
4. 车六平九　士5退4
5. 车九平五　士4进5
6. 车五平六　车3退2
7. 帅六进一　（和局）

 赏析

肘，掣肘。本局是红方车、仕守

第 512 局　收兵罢战

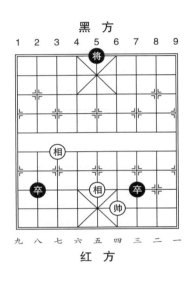

 赏析

收兵罢战，停止或结束战争。本局红方双相掩护中路，并有相走闲着，黑双卒无法成杀，和局。

1. 相五退七　卒2平3
2. 相七退五　卒3平4
3. 相五进三　卒4进1
4. 相三退五　将5进1
5. 相七进九　（和局）

第513局 攻围难克

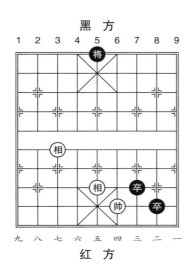

 **赏析**

克，战胜，攻下。本局黑方双卒难破双相，和局。

1. 相七退九　卒8平7
2. 帅四平五　后卒平6
3. 相九进七　卒7平6
4. 帅五平六　将5进1
5. 帅六进一　前卒平5
6. 相五进三　（和局）

第514局　轻财爱士

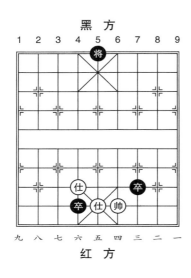

 赏析

轻财，不贪图财货。爱士，爱护有才德的人。本局黑方双卒为低卒，无法以一卒换取双仕，巧和。

1. 仕五退四　将5平4
2. 仕四进五　将4进1
3. 仕五退四　将4平5
4. 仕四进五　将5进1
5. 仕五退四　（和局）

第515局 将士离心

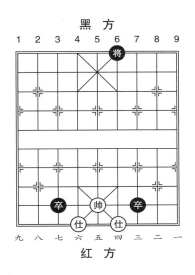

 **赏析**

离心，不同心，不团结。本局黑方无法以一卒换双仕，而且红帅在高处，和局。

1. 帅五进一　将6进1
2. 仕六进五　卒7平6
3. 仕五进四　将6进1
4. 仕四退五　卒6平7
5. 仕五进四　（和局）

第 516 局　匹马嘶风

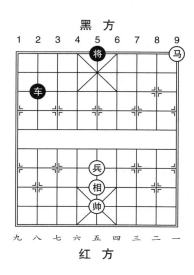

 **赏析**

匹马，一匹马。嘶风，马迎风嘶叫，形容马势雄猛。本局红方马退河头，形成马、相、兵互保，和局。

1. 马一退三　将5平4
2. 马三退四　车2平5
3. 马四退三　将4平5
4. 帅五退一　车5进1
5. 帅五进一　（和局）

第 517 局 三寇连兵

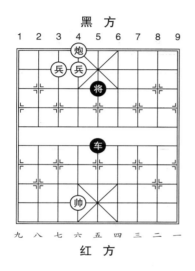

宋朝的四大寇，除山东宋江后来归顺朝廷，其余三寇为淮西王庆、河北田虎、江南方腊。连兵，联合兵力，集结军队。本局红方帅走闲着，黑车无可奈何，和局。

1. 帅六进一　车5进2
2. 帅六退一　车5进1
3. 帅六退一　车5平8
4. 炮六平八　车8退3
5. 炮八平六　（和局）

 赏析

三寇，四大名著《水浒传》中，

第518局 长生不老

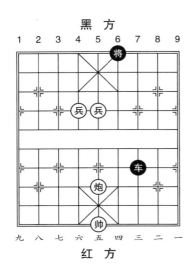

 赏析

长生，永远的生存。不老，容颜不老，身体不老。原为道教的术语，现作为对老者、长者的祝愿语。本局红方炮、双兵保和局。

1. 帅五进一　车7平5
2. 兵五平四　车5退2
3. 兵六平七　车5平6
4. 兵四平五　将6进1
5. 兵七平六　（和局）

第 519 局　三灵不昧

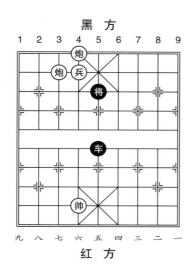

 赏析

三灵，指日、月、星。不昧，不晦暗，明亮。本局红方双炮、兵相依为命，黑车无法切断它们之间的联系，和局。

1. 帅六退一　将5平6
2. 帅六进一　将6平5
3. 帅六退一　车5平1
4. 帅六进一　车1退3
5. 帅六退一　（和局）

第 520 局　腹背无患

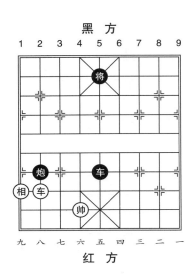

赏析

腹，前面。背，后面。腹背，前后受到敌人的夹攻。无患，不用担忧，没有灾祸。本局红方车、相保和局。

（一）

1. 相九退七　（和局）

（二）

1. 相九退七　炮 2 退 4

2. 车八平六　车 5 进 2
3. 帅六退一　车 5 进 1
4. 帅六进一　炮 2 进 7
5. 相七进九　炮 2 平 4
6. 车六平七　车 5 退 3
7. 相九退七　车 5 平 4
8. 车七平六　炮 4 退 2
9. 相七进九　炮 4 平 9
（黑胜）

（三）

1. 车八平七　炮 2 退 2
2. 车七平六　炮 2 进 5
3. 相九进七　车 5 进 2
4. 帅六退一　车 5 进 1
5. 帅六进一　炮 2 平 4
6. 车六平五　车 5 退 2
7. 相七退五　（和局）

（四）

1. 车八平七　炮 2 平 4
2. 车七进一　车 5 进 2
3. 帅六退一　炮 4 退 4
4. 车七进五　将 5 退 1
5. 车七退一　炮 4 平 5
6. 相九进七　车 5 退 3

7. 帅六进一　（和局）

（五）

1. 车八平七　车5退1
2. 车七平六　炮2进3
3. 相九进七　车5平3
4. 车六平五　将5平6
5. 帅六平五　车3平6

（和局）

注：变化（一）为原谱，仅有第1回合，相九退七，和局。有误，参见变化（二）。变化（二）为黑方选择最佳的变化，黑胜。变化（三）～（五）为第1回合，红方选择最佳的变化，车八平七，黑方的三种应对，和局。其中，变化（五）红方车、帅占中，黑方无法实施海底捞月，和局。

第 521 局　易马隐树

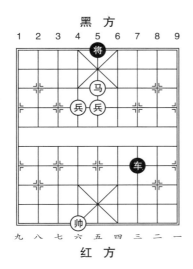

赏析

易，交换。隐，藏匿，不显露。树，功业、成就。本局红方马、双兵保和局。

（一）

1. 帅六进一　车7进2
2. 帅六进一　车7平5
3. 马五进三　将5进1
4. 马三退五　车5退3
5. 帅六退一　（和局）

（二）

1. 帅六进一　车7平5
2. 帅六退一　将5进1
3. 马五进七　车5平3
4. 马七退五　车3退2
5. 帅六进一　车3平5
6. 马五进七　车5平4
7. 兵六进一　将4退1
8. 兵六进一　将4平5

9. 兵五进一　车 5 平 4
10. 帅六平五　车 4 平 5
11. 帅五平六　车 5 退 2

12. 兵六进一　将 5 进 1
13. 马七退五　将 5 进 1
（和局）

第 522 局　勒兵固守

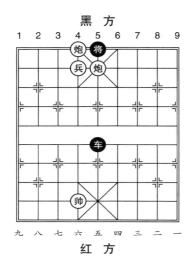

 赏析

勒兵，治军，操练或指挥军队。固守，坚守，保卫和防守得非常坚固。本局红方双炮、兵保和局。

1. 帅六退一　车 5 进 3
2. 炮六平七　车 5 退 2
3. 炮七平六　将 5 平 6
4. 帅六进一　将 6 进 1
5. 帅六退一　（和局）

第 523 局　一鸣惊人

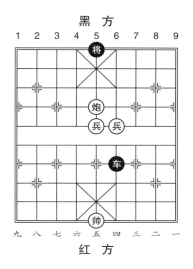

现，一下子做出惊人的成绩。西汉司马迁的《史记·滑稽列传》：此鸟不飞则已，一飞冲天；不鸣则已，一鸣惊人。本局红方炮、双兵保和局。

1. 帅五进一　车6平8
2. 帅五退一　车8进3
3. 帅五进一　车8平4
4. 兵四平三　车4平7
5. 兵三平四　车7退1
6. 帅五退一　（和局）

赏析

一鸣惊人，指平时没有突出的表

第524局　鼎足三立

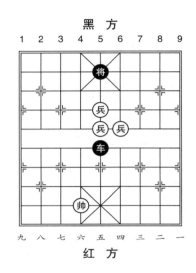

汉司马迁的《史记·淮阴侯列传》：三分天下，鼎足而居。三立，鼎通常是三足，故为三立。本局红方兵和帅都可走闲着，黑车无法攻破三兵联防，红三兵保和局。

1. 前兵平四　车5平4
2. 帅六平五　车4平6
3. 前兵平五　车6平5
4. 帅五平六　车5进1
5. 帅六退一　（和局）

注：本局的关键在于红方前兵跟住黑将移动，黑车就无法取胜。

 **赏析**

鼎足，比喻三方对立的情势。西

第 525 局 不敷自保

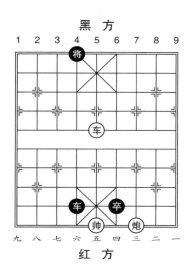

 赏析

不敷，不够，不能满足。保，看守住，护着不让受损害或丧失。本局黑方将无掩护，黑车无法离开4路转至左翼攻击红炮，官和。

1. 车五进一　车4退1
2. 车五退一　车4进1
3. 车五进一　车4退1
4. 车五退一　车4进1
5. 车五进一　（和局）

第 526 局 守株待兔

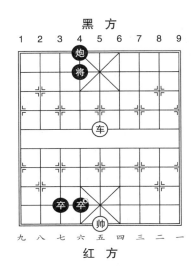

的经验。守，狭隘经验。守株待兔，指不知变通，死守教条。《韩非子·五蠹》记载：战国时期，宋国有一个农民，看见一只兔子撞在树桩上死了，于是他便放下锄头，每天在树桩旁等待，希望再得到撞死的兔子。本局双方互有牵制，黑炮不能转移至红方左翼底线做杀，官和。

1. 车五进一　将4进1
2. 车五进一　将4退1
3. 车五进一　将4进1
4. 车五进一　将4退1
5. 车五退五　将4进1
6. 车五进四　卒3平2
   （和局）

 **赏析**

株，露出地面的树根，比喻以往

第 527 局　孤军四战

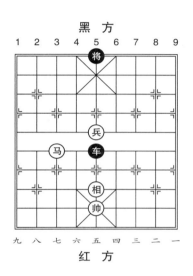

四战，四面受敌。本局红方马、兵、相保和局。

1. 马七进六　车 5 进 1
2. 马六退七　车 5 退 1
3. 马七进八　将 5 平 4
4. 马八退七　将 4 进 1
5. 兵五平四　将 4 进 1
6. 兵四平五　将 4 平 5
7. 马七进九　将 5 退 1
8. 马九退七　将 5 进 1
9. 马七进九　将 5 退 1
10. 马九退七　将 5 退 1
11. 马七进六　（和局）

孤军，单独的、没有援军的军队。

第528局　固守无虞

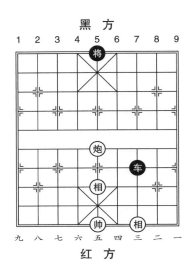

 **赏析**

无虞，没有忧患，太平无事。本局红方炮掩护中路，黑车破相无门，官和。

1. 帅五进一　车7平5
2. 炮五平三　车5平2
3. 炮三平五　车2进2
4. 帅五退一　车2进1
5. 帅五进一　车2退4
6. 炮五退一　（和局）

第 529 局　朽索御马

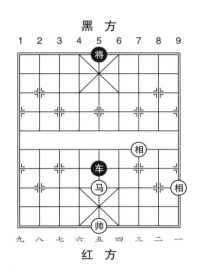

朽索御马，又名朽索驭马，用腐烂的绳子驾驭奔驰的马，形容倾覆的危险十分严重。本局红方马、双相保和局，马、双相守和单车，只有布成本局的形势，即马占中相位，双相高飞连环，形成马三相，否则对方均可取胜。

1. 帅五进一　车5平2
2. 帅五退一　车2进3
3. 帅五进一　车2平4
4. 帅五平四　车4平5
5. 马五进三　车5退3
6. 马三退五　车5平6
7. 帅四平五　车6进3
8. 帅五平六　车6平5
9. 马五进三　车5退3
10. 马三退五　（和局）

第530局　固守邦基

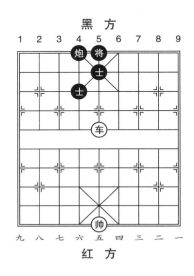

的《得地千里不如一贤赋》："舍地得贤兮，邦基以立；失贤有地兮，国难随兴。"本局黑方炮、双士已经归位，红车无法取胜，和局。

1. 车五进一　炮4进1
2. 车五平七　炮4退1
3. 车七平九　炮4进1
4. 车九平四　炮4平1
5. 车四平六　将5平6
6. 车六平九　炮1平4
7. 车九进三　炮4退1
（和局）

 赏析

邦基，国家的基础。北宋范仲淹

第 531 局　水中摸月

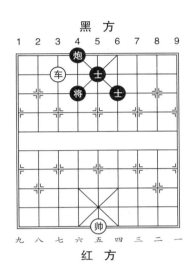

根本做不到的事情，只能徒劳无功。北宋黄庭坚的《沁园春·把我身心》：镜里拈花，水中捉月，觑著无由得近伊。本局红方车难破炮、双士，和局。

1. 车七退一　将4退1
2. 车七进二　将4进1
3. 车七平九　将4退1
4. 车九退一　将4进1
5. 车九退一　将4退1
6. 车九进二　将4进1
（和局）

赏析

水中摸月，到水中摸月亮，比喻

第 532 局 三教皈一

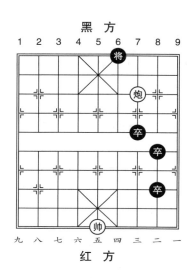

 **赏析**

三教，儒释道三教，儒是孔子创建的儒学，又称儒教。释是释迦牟尼在印度创建的佛教，又称释教。道是道教，中国本土的宗教。皈，归向。三教皈一，儒释道三教互相融合，三教合一。本局红方炮保和局。

（一）

1. 炮三平四　前卒平 7
2. 炮四退七　后卒进 1
3. 帅五进一　后卒进 1
4. 帅五进一　卒 8 进 1
5. 帅五退一　卒 8 进 1
6. 帅五进一　卒 8 进 1
7. 帅五退一　卒 8 平 7
8. 帅五进一　前卒进 1
9. 炮四进一　中卒进 1
10. 炮四进一　后卒进 1
11. 炮四进一　中卒平 6
    （和局）

（二）

1. 炮三平四　前卒平 7
2. 炮四退七　后卒进 1
3. 帅五进一　后卒进 1
4. 帅五进一　卒 8 进 1
5. 帅五退一　卒 8 进 1
6. 帅五进一　卒 8 进 1
7. 帅五退一　卒 8 平 7
8. 帅五进一　将 6 进 1
9. 帅五退一　前卒进 1
10. 炮四进一　中卒进 1
11. 炮四进一　后卒进 1
12. 炮四平九　后卒平 6
13. 帅五平六　卒 6 平 5
14. 炮九退一　后卒平 6

15. 炮九平四　（和局）

注：通常三高卒必胜单炮，本局黑方由于三卒位置欠佳，红炮封锁住黑方将门，使三卒无法攻入九宫，巧和。

第 533 局　一马化龙

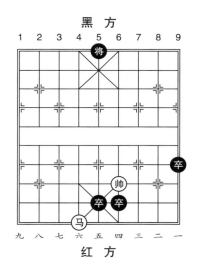

一马化龙，民间传说，西晋末年，八王之乱后，琅琊王司马睿等五位皇族渡江南下，司马睿所乘坐骑化作一条巨龙，腾空而起，司马睿由此吉祥预兆，登上了东晋开国皇帝的宝座。这就是五马渡江、一马化龙的传说。本局红方的应法是黑方困帅走马，困马走帅，和局。

1. 马六进五　卒9平8
2. 马五进四　卒8平7
3. 马四进五　卒7平6
4. 帅四平五　将5进1
5. 帅五平六　后卒平5
6. 马五退四　将5退1
7. 马四进五　后卒平4
8. 帅六平五　将5进1
9. 帅五平四　卒4平5
10. 马五退六　（和局）

第 534 局　华山隐士

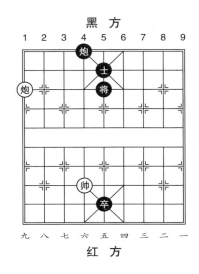

古称西岳，又称太华山，是道教全真派的圣地。隐士，道家哲学术语，指隐修专注研究学问的士人，又指民间教育家。本局红方炮从侧面牵制黑方，使黑方不得上士，形成杀局，巧和。

1. 炮九平八　　将5平6
2. 帅六平五　　卒5平6
3. 炮八平七　　炮4平5
4. 帅五平六　　将6平5
5. 炮七平八　　将5平6
6. 炮八平七　　将6退1
7. 炮七平八　　炮5平4
8. 炮八平七　　士5进4
9. 帅六平五　　（和局）

华山，位于陕西省渭南市华阴市，

第535局 息马论道

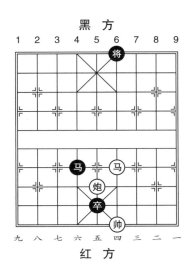

 赏析

息马，放马，使马休息。论道，议论政事。本局红方炮蹩马腿，黑方无法成杀，和局。

1. 炮五平六　马4进6
2. 马四进二　将6平5
3. 马二退三　将5进1
4. 炮六进五　将5进1
5. 炮六退一　（和局）

第 536 局 子不离母

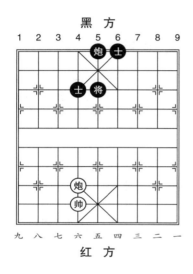

 赏析

子不离母，幼年时，子女受到母亲的养育，壮年时，反哺赡养母亲。本局红方炮守迎头，红帅走闲着，黑方无法取胜，和局。

1. 帅六退一　炮 5 平 2
2. 帅六进一　士 6 进 5
3. 帅六退一　炮 2 平 3
4. 帅六进一　士 5 退 6
5. 帅六退一　（和局）

第 537 局 二相扶国

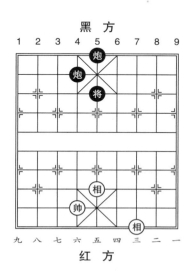

 赏析

相，古代特指最高的官。扶，通辅，辅助，帮助。本局黑方双炮难破红双相，和局。

1. 帅六退一　炮4平6
2. 帅六进一　炮6进5
3. 帅六退一　炮5平4
4. 帅六进一　炮6平5
5. 帅六退一　（和局）

第538局 独占中原

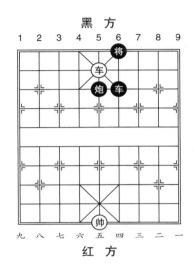

天下至中的原野，又称中土、中州、华夏，是指洛阳至开封一带为中心的黄河中下游地区，狭义指今天的河南省，广义指中国。本局红方车不离花心，黑方无法取胜，和局。

1. 帅五进一　车6进6
2. 帅五退一　车6进1
3. 帅五进一　炮5平3
4. 车五退四　炮3进7
5. 车五进三　炮3平5
6. 车五平七　炮5平2
7. 车七平五　（和局）

独占，独自占有。中原，本意是

第 539 局　一心定国

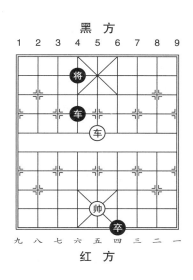

 赏析

　　一心，全心全意，专心，一心一意。定国，安定国家。本局红方帅、车占据中路，黑方无法实施海底捞月，红车保和局。

1. 车五退一　车4进5
2. 帅五进一　车4进1
3. 帅五平四　卒6平7
4. 帅四退一　车4退1
5. 帅四进一　车4退1
6. 帅四退一　（和局）

第540局 鸳鸯交颈

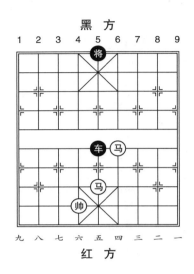

鸳鸯，中国官鸭，鸳为雄，鸯为雌，鸳鸯出双入对，常被比喻为男女之间爱情的象征。交颈，颈与颈相互依摩，多为雌雄动物之间一种亲昵的表示，比喻夫妻恩爱，男女亲昵。本局红方双马连环，帅走闲着，和局。

1. 帅六退一　车5平3
2. 帅六进一　车3平1
3. 帅六退一　车1进4
4. 帅六进一　车1退1
5. 帅六退一　车1平5
6. 马五进三　车5进1
7. 帅六进一　车5平8
8. 马三退五　（和局）

第541局 野马脱绊

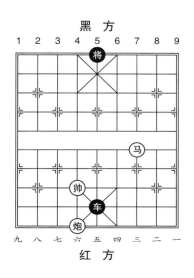

 赏析

野马，野生的马。脱绊，解脱羁绊。本局红方炮在帅后面进行保护，马、帅可走闲着，黑车无法捉住红马，和局。

1. 马三进四　车5退5
2. 马四退二　车5进4
3. 帅六退一　车5进1
4. 帅六进一　车5平6
5. 马二进三　（和局）

第 542 局　固前遮后

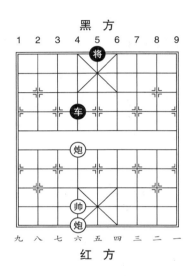

 赏析

固，使坚固。遮，阻挡，拦阻。本局红方有闲着可走，双炮保和局。

1. 帅六进一　车4平5
2. 帅六退一　车5进4
3. 前炮进一　车5进1
4. 帅六进一　车5进1
5. 帅六退一　车5退2
6. 前炮退一　（和局）

第 543 局　狐假虎威

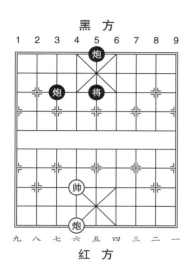

 赏析

假，借。狐假虎威，狐狸借着老虎之威吓退百兽。本局黑方虽多一炮，但无法取胜，红方一炮保和局。

1. 炮六进一　炮3退1
2. 炮六退一　炮3平6
3. 炮六进一　炮6平9
4. 炮六退一　炮9平2
5. 炮六进一　（和局）

第544局 居中秉权

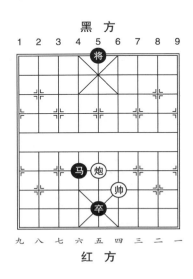

 赏析

居中，位置处于正中，在当中。秉权，执掌政权。本局红方帅在山顶，不受黑卒控制，红炮始终守护中路，随时遮将、蹩马腿，和局。

1. 帅四平五　将5进1
2. 炮五进一　卒5平6
3. 帅五平六　将5进1
4. 炮五退一　马4退2
5. 炮五进二　（和局）

第 545 局　懒散无拘

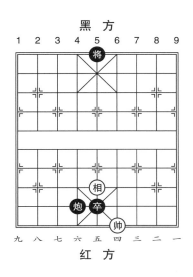

　赏析

　　懒散，懒惰、散漫。拘，限制。无拘，没有限制，自由自在。本局黑方炮、卒无法塞相眼，红相走闲着，黑方无胜机，和局。

1. 相五进三　　将5进1
2. 相三退五　　将5进1
3. 相五进三　　炮4退8
4. 相三退五　　炮4平6
5. 相五进三　　（和局）

第 546 局　孤犊望月

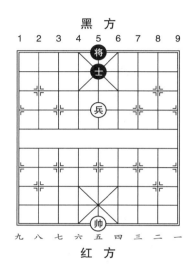

 赏析

孤犊，无母的小牛。望月，仰望月亮。本局红方兵无士、相遮面，和局。

1. 兵五进一　士5退4
2. 帅五平四　士4进5
3. 帅四平五　士5退4
4. 帅五平六　士4进5
5. 帅六平五　士5退4

（和局）

第547局 彼此无碍

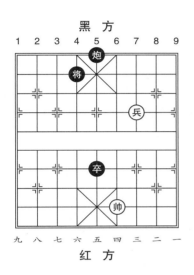

 赏析

彼此，相互。无碍，没有阻碍，没有妨碍。本局红方兵保和局。

1. 帅四退一　将4平5
2. 帅四平五　卒5进1
3. 兵三平二　将5平4
4. 帅五平四　炮5平6
5. 帅四平五　将4平5
6. 兵二平三　（和局）

注：黑方必须占据中路才有杀机，但黑方将4平5或卒5平6，红方均走帅四平五，阻止黑将占中露头。如黑卒往下冲，限制红帅的自由活动，则红方高兵走闲着，和局。

第548局　两不得济

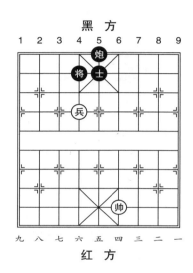

局红方兵攻士，保和局。

1. 帅四退一　炮5平4
2. 兵六平五　士5进6
3. 帅四平五　炮4平5
4. 兵五平四　士6退5
5. 帅五平四　炮5平6
6. 帅四平五　将4进1
7. 帅五进一　炮6平5
8. 帅五平四　将4平5
9. 兵四平五　将5平4
10. 兵五平四　（和局）

得济，得以保全，得以成功。本

第 549 局　孤雁折群

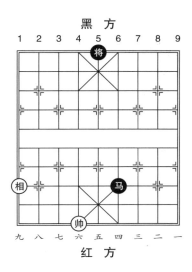

赏析

孤，单独。雁，鸟类的一属，形状略像鹅，群居水边，飞时排列成行。折，折断。本局红方相保和局。

（一）

1. 相九进七　（和局）

（二）

1. 相九进七　马6退4
2. 相七退九　马4进2
3. 相九进七　马2退3
4. 帅六进一　马3进2
5. 帅六退一　将5进1
（黑胜）

（三）

1. 相九退七　将5进1
2. 相七进五　将5进1
3. 相五退七　马6退8
4. 相七进五　（和局）

注：单相对单马，只要帅、相左右分开，即门东户西，和局，其他形势均负。变化（一）为原谱，仅有第1回合，相九进七，和局。有误，参见变化（二）。变化（二）为黑方选择最佳的变化，黑胜。变化（三）为第1回合，红方选择最佳的变化，相九退七，和局。

第550局 势不两立

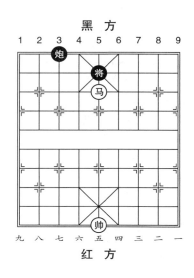

 赏析

两立，双方并立。势不两立，指敌对双方不能同时存在，比喻矛盾不可调和。本局红方马保和局。

1. 帅五进一　炮3平5
2. 帅五退一　炮5进2
3. 帅五进一　炮5进5
4. 帅五平六　炮5平6
5. 帅六进一　（和局）

注：红马无法脱身，黑方得红马后，单炮无炮架，无法取胜，和局。

附录

第 551 局　舍生取义

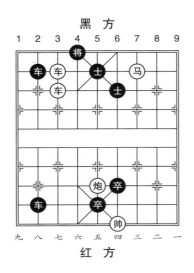

舍生取义，为了真理和正义而不惜牺牲生命，常用于赞扬别人难能可贵的精神。本局红方先弃车引离黑中士，红马通过照将，投入战斗，最终以马后炮，绝杀取胜。

1. 后车平六　士5进4
2. 马三退五　士4退5
3. 车七进一　将4进1
4. 马五退七　将4进1
5. 车七退二　将4退1
6. 车七进一　将4进1
7. 马七退五　（红胜）

注：怀德堂木刻本原图550图，原谱551局，舍生取义原为卷三第227局，原谱漏图，今按照原谱补上。现今市面单行本均为550局，为与单行本的局名与目次相统一，故将此局调整至最后。

后 记

2018 年，对于 1970 年出生的笔者，执信中学 1988 届、中山大学 1988 级，这是一个非常重要的人生节点，高中毕业 30 年，大学入学 30 年。回首前尘往事，近年因与象棋结缘，践行了法布施，并取得些许成绩，终于可以聊以慰藉。

2012 年春节，笔者正在广州白云山山顶公园，接到友人刘楚佳研究员的电话，广州城市学院下属的国学院需要棋类的兼职教师。此前，国学院在开设国学精粹课程的同时，又相继开设了古筝、书法、国画等课程，唯独缺少了棋类这门课。部分高校虽有开设棋牌知识、棋艺等课程，但均停留在对棋类知识的简单介绍。而社会上的棋院培训机构，均以中小学生为培训对象。为了提高高校大学生的棋艺水平，提升棋艺鉴赏能力，真正通过博弈这门课，全面提升大学生的文化素养，笔者欣然接受邀请，开设"中国象棋名局欣赏"选修课。从 2014 年 2 月起，又在广州大学开设全校性象棋通识类选修课。7 年的风雨兼程，苦与乐，喜与悲，交织心头。开课伊始，好心的同事不无担忧，万一输给学生，怎么办？自 2005 年广州大学整体搬迁进大学城，笔者仅仅两次负于学生，唐朝韩愈的《师说》就曾说过，是故弟子不必不如师，师不必贤于弟子。教师应当起到启明灯的作用，照亮学生前进的路向。

当初，笔者曾说，同时与 10 个、8 个中等资质的学生一起下棋，学生不是自己的对手。这话引来阵阵讪笑。2017 年 12 月 25 日下午 3 点，笔者最敬爱的母亲永远地离开了，当晚还有学期的最后一课，妻子说，还能坚持上课吗？笔者急忙赶到岭南文化中心，邀请学生对弈，1∶16 车轮应众，再观看"翔云杯"视频（视频中有母亲出席"翔云杯"的身影），与同学们合影，上好了有意义的最后一课。"别人笑我太疯癫，我笑他人看不穿；不见武陵豪杰墓，无花无酒锄作田。" 2017 年圣诞节，母亲如同作家野夫所写的《江上的母亲》那样，不愿拖累子女，毅然离去。重温金斯堡纪念他母亲的长诗《祈祷》：钥匙在窗台上，钥匙在窗台的阳光里。孩子，结婚吧，不要吸毒。钥匙就在那阳光里。我仿佛也看到了母亲在阳光下为我留下的那把钥匙。5 月的羊城夜，云山居，泪水模糊了我的双眼。

谨以此书献给最敬爱的母亲，献给青春已逝的 1988 年，献给与象棋结缘的人们。

    本书为广州市高校创新创业教育项目"广州大学三创营众创空间"的重要成果之一，并得到该项目的出版资助，同时，本书也得到广州大学教材出版基金资助。感谢广州大学创新创业学院院长王满四教授、黄效平老师，中山大学出版社金继伟编辑、杨文泉编辑，广东美术馆王嘉教授，挚友邵挺杰、徐国栋、骆伟杰，广州弈径教育发展咨询有限公司洪古章老师、邱振军老师，魏湘赣经理，林锦辉、朱廷相、何振玮等同学对本书的支持与帮助。